제17대 법왕 까르마빠 오갠 틴래 도제

「첫 번째 가행」 귀의 오체투지 수행에서 관상하는 까규 전승 귀의처

「두 번째 가행」 죄업 정화 수행에서 관상하는 본존 금강살타

「네 번째 가행」 구루 요가 수행에서 관상하는 본존 금강해모

까르마빠 존자님께 배우는 사가행 수행

까르마 출팀 뻴모
숙명여대 중문학과에서 『甲骨文 否定詞 硏究』로 석사 학위, 중국 남경대에서 『淸代 焦循의 「孟子正義」 註釋學 硏究』로 박사 학위를 취득하였다.
2016년 2월 까르마빠 존자님을 스승으로 출가하여 현재 다람살라 IBD에서 반야학을 공부하며 수행중이다.

까르마빠 존자님께 배우는 사가행 수행

초판 인쇄 | 2016년 12월 14일
초판 발행 | 2016년 12월 16일

지 은 이 | 까르마빠 오갠 틴래 도제
옮 긴 이 | 까르마 출팀 뻴모

펴 낸 이 | 이연창
펴 낸 곳 | 지영사
주　　소 | 서울시 성북구 성북로 16길(성북동 56-4) 16-12 1층
전화 02-747-6333 팩스 02-747-6335
이메일 maitriclub@naver.com
등록 1992년 1월 28일 제1-1299호

ISBN 978-89-7555-183-3 03220

값 15,000원

까르마빠 존자님이 직접 전하는 티벳 『4불공가행』의 모든 기록

까르마빠 존자님께 배우는 사가행 수행

까르마빠 오갠 틴래 도제 지음 | 까르마 출팀 뺄모 옮김

지영사

수행은 반드시 기본을 잘 닦아야 한다.

만약 당신이 불제자라면 반드시 「4공가행」을 명상 수행해야 한다.

만약 당신이 티벳 불교 수행자라면 반드시 전통적인 「4불공가행」을 수행해야 한다.

이른바 '가행'은 자신을 이롭게 하고 타인을 이롭게 하는 마음(自利利他)으로 끊임없이 '몸·말·마음의 선행을 증가시키는 것'이다.

이것은 불법 수행에 들어가기 전에 마음을 해탈의 길로 전환시키는 준비 작업이다.

이른바 「4공가행(공통으로 하는 네 가지 예비수행)」은 '사람 몸의 보배로움·죽음의 무상함·인과와 업·윤회의 고통'을 가리킨다.

이것은 생명 본질에 대한 불법의 네 가지 바른 견해로, 소승·대승·금강승 등 3승 불법에 공통된 기초이다.

이른바 「4불공가행(공통으로 하지 않는 네 가지 예비수행)」은 '귀의 오체투지·금강살타·만달라·구루 요가'를 가리킨다.

이것은 티벳 불교 금강승에서 스승이 제자들에게 하게 하는 특수한 기본수행이다. 법왕·린포체·출가자부터 재가자에 이르기까지 귀의와 발보리심, 업장 정화, 자량 축적, 믿음 증익은 전통에 따라 반드시 해야 한다.

이것은 모든 밀승법을 실제 수행하기 전에 반드시 갖추어야 하는 기초이다. 만약 어떤 사람이 이 4불공가행 혹은 그중 하나의 항목을 평생 수행한다면 역시 수승한 성취를 이룰 수 있다. 「4불공가행」을 수행하기 전에 반드시 먼저 「4공가행」을 명상 수행해야 한다.

법본法本**과 관련해서는** 티벳 불교 4대 교파에는 모두 각자 전승되는 「4불공가행」이 있다. 항목·정신은 같지만, 의궤와 관상 내용에는 다른 점이 있다. 까규 전승의 입장에서 말하자면, 전통적인 긴 의궤의 「4불공가행」 법본이 있다. 제17대 법왕 까르마빠 오갠 틴래 도제께서는 바쁜 현대 수행자를 위하여 특별히 이 『4불공가행 독송 간략 의궤』 법본을 지으셨다. 자비로써 제자들이 현대 생활에서 「4불공가행」을 수행하는 수승한 법의 인연을 여신 것이다.

수행의 숫자와 관련해서는 전통적으로 4가행은 각각 111,111번을 해야 한다. 만약 까르마빠께서 직접 전한 이 법본을 수행하려 한다면, 반드시 먼저 자격을 갖춘 스승의 구전을 받은 뒤에야 수행을 시작할 수 있다. 까르마빠께서는 티벳인이 아닌 외국인 제자의 경우, 첫 번째 가행인 '귀의 오체투지'는 1,000번만 해도 된다고 지시하셨다(111,111번을 할 수 있다면 더욱 좋다). 그 나머지 세 가행인 '금강살타·만달라·구루 요가'는 반드시 전통에 따라 각각 111,111번을 해야 한다.

■ 차례

이 의궤는 구전과 수행 허락을 받은 후에 그 수행을 시작할 수 있다

༄༅། །སྔོན་འགྲོ་བཞི་སྦྱོར་གྱི་ངག་འདོན་མདོར་བསྡུས་བཞུགས་སོ། །

1부
의궤편

「4불공가행」 독송 간략 의궤

༄༅། །དཔལ་ལྡན་ཁྱབ་བདག་རྡོ་རྗེ་འཆང་དབང་རིགས་ཀུན་གཙོ་བོ་བླ་མ་ཀརྨ་པ། །
དཀྱིལ་འཁོར་ཀུན་གྱི་འབྱུང་གནས་སྲིད་ཞིའི་དཔལ་གྱུར་ཡི་དམ་རྡོ་རྗེ་རྣལ་འབྱོར་མ། །
ཕྲིན་ལས་ཀུན་གྱི་བྱེད་པོར་དབང་བསྒྱུར་ཆོས་སྐྱོང་བེར་ཅན་ལྷམ་དྲལ་ལ། །
རྣལ་འབྱོར་རྩེ་གཅིག་གུས་པས་འདུད་དོ་འབྲལ་མེད་ཐུགས་རྗེས་སྐྱོང་བར་མཛོད། །

영광스럽고 편재하시는 지금강불이시며
모든 붓다 부족[1]의 주존이신 스승 까르마빠 존자님,
모든 만달라의 근원이며 윤회와 열반의 상서로운 본존 바즈라요기니,
모든 사업을 총괄하는 호법성중 마하깔라와 반려 권속들에게
수행자 제가 오로지 공경으로 예경하오니
저버리지 마시고 대자비로 보호해 주소서.

འདིར་གང་ཟག་གང་ཞིག་ལམ་ཐུན་མོང་བས་རྒྱུད་སྦྱངས་པ་སྔོན་དུ་སོང་བས།
ཚད་ལྡན་གྱི་བླ་མའི་དྲུང་ནས་དབང་དང་གདམས་པ་ལེགས་པར་ཞུས་ཏེ།
ཕྱག་ཆེན་གྱི་ཐུན་མིན་སྔོན་འགྲོའི་འདོན་སྒོམ་བགྱི་བ་ལ།

누구든지 공통의 법으로 자기 마음을 먼저 정화하고 나서,
자격을 갖춘 스승으로부터 관정과 가르침을 잘 받은 후에,
마하무드라의 공통적이지 않은 예비수행을 염송하고 수행한다.

1 붓다 부족: 금강계의 붓다 · 보살의 5가지 그룹. 불부佛部 · 금강부金剛部 · 보부寶部 · 연화부蓮華部 · 갈마부羯磨部.

1. 귀의 오체투지

수행 표준순서

1. 몸을 단정히 하고 바르게 앉는다. 가부좌를 하고(반가부좌·평좌도 괜찮다) 편안하게 한다.
2. 「금강총지 기원문」을 염송한다.(부록 2를 보십시오)
3. 의궤를 염송한다.

   영광스럽고 편재하시는 지금강불이시며
   모든 붓다 부족의 주존이신 스승 까르마빠 존자님,
   모든 만달라의 근원이며 윤회와 열반의 상서로운 본존 바즈라요기니,
   모든 사업을 총괄하는 호법성중 마하깔라와 반려 권속들에게
   수행자 제가 오로지 공경으로 예경하오니
   저버리지 마시고 대자비로 보호해 주소서.

4. 「4공가행」을 관상한다.
   사람 몸의 보배로움, 죽음의 무상함, 인과와 업, 윤회의 고통.
5. 귀의처를 관상하고 아울러 의궤를 염송한다.
   귀의처를 관상할 때에는 정면을 바라보고, 오른쪽으로도 왼쪽으로도 치우치지 않는다.

귀의처 중간에 사자(4마리 혹은 8마리 모두 가능하다)가 정방형의 거대하고 진귀한 보좌를 받들고 있다. 보좌 위에는 복덕 자량과 지혜 자량을 상징하는 각종 보물이 있다. 이 커다란 보좌 정중앙에 또 하나의 작은 보좌가 있는데, 이것 역시 사자가 받치고 있다. 작은 보좌 위에 출리와 윤회의 허물을 상징하는 연꽃이 있다. 연꽃 위에 세속 보리심과 승의 보리심 혹은 방편과 지혜를 나타내는 일륜과 월륜이 있다. 일륜과 월륜 위에 스승 지금강불이 있다.

이어서 지금강불 주위에 깜창 까규의 수행 전승 스승들이 있다. 개인의 스승과 우리와 법연을 맺은 스승, 우리가 믿는 스승들이 모두 주위를 에워싸고 있다. 스승인 지금강불 앞에는 본존이 있다. 이는 개인이 의지하는 본존일 수 있다. 여기에서는 주요 본존인 금강해모로 관상할 수 있다. 오른쪽은 부처님이다. 뒤쪽은 정법인데 경서의 모양을 나타낸다. 왼쪽은 초지 이상의 보살 승가이다. 이어서 부처님 권속들·본존의 권속들이 바다처럼 에워싸고 있다고 관상한다.

귀의 성중들 눈앞 아래쪽에 자신을 위주로 육도의 어머니와 같은 일체 중생이 있다. 자신은 이 중생들 가운데에 있다. 자신의 오른쪽은 아버지, 왼쪽은 어머니, 앞쪽은 모든 적, 뒤쪽은 기타 중생들이 있다. 자신이 대중들을 데리고 함께 귀의 발심을 염송한다.

자기 앞 허공에 스승 지금강불이 계시는데
뜻과 가피를 전하고 법연 있고 믿음을 주는 스승들이 에워싸고 있습니다.
그 앞쪽엔 본존, 오른쪽엔 부처님, 뒤쪽엔 정법, 왼쪽엔 승가 대중이 계시는데
각자 자신의 무리를 이룬 권속들이 바다처럼 에워싸고 있습니다.
귀의 성중들이 내려다보는 아래쪽에 어머니와 같은 일체 중생들도 앉아서
마음을 한결같이 집중하여 귀의하고 보리심을 일으킵니다.

6. 일어나서 '오체투지'할 준비를 한다. '5귀의'를 염송하면서 '오체투지'를 한다.

저와 일체 중생은 스승께 귀의합니다.
본존께 귀의합니다.
부처님께 귀의합니다.
정법에 귀의합니다.
승가에 귀의합니다. (숫자를 세는 곳)

7. 의궤 '발보리심'을 염송한다.

보리의 정수에 이를 때까지 모든 부처님들께 귀의합니다.
법과 보살 승가에도 이와 같이 귀의합니다.
예전에 선서들께서 먼저 보리심을 일으키고
보살의 학처에 차례대로 머무신 것처럼
그렇게 중생을 이롭게 하기 위하여 보리심을 일으키고서
모든 학처 또한 차례대로 배우겠습니다. (3번)
수승한 보석인 보리심이 일어나지 않았으면 일어나게 하고
일어났으면 줄어들지 않고 점점 늘어나게 하소서. (1번)

8. '귀의처'가 빛으로 변하여 자신에게 스며들어 하나가 된다고 관상한다.

9. 「극락정토 왕생 발원문」을 염송한다.

에마호

희유하신 아미타불과 오른쪽에 대비관세음보살, 왼쪽에 대세지보살을
무량한 불보살님들이 에워싸고 있는 한량 없는 묘락의 극락정토 그곳에
제가 이제부터 목숨이 다할 때까지 그리고 다른 생에서도 끊임없이
거기에 태어나서 아미타불을 친견하게 하소서.
제가 지금 이와 같이 발원하오니 시방의 제불보살님들께서
장애없이 이루어지도록 가피하소서. 따야타 뻰짜디야 아와 보다나예 소하
시방삼세 불보살님들께서는 보살펴 주소서.
제가 지혜·복덕 자량이 원만함을 수희하오며
삼세 동안 쌓은 선업을 삼보에 공양하오니
부처님의 가르침이 흥성하게 하소서.
선업을 중생들에게 회향하오니 모든 중생이 성불하게 하소서.
일체 선근을 한데 모아 제 마음에서 성숙되게 하소서.
번뇌장과 소지장을 청정히 하여 자량이 원만하며 무병장수하고
깨달음이 증장되어 이생에서 십지에 오르게 하소서.
언젠가 목숨이 다하면 그 즉시 극락왕생 하게 하소서.
태어나서 연꽃이 필 때 이 몸으로 성불하게 하소서.
보리과를 성취한 이후에도 화신으로 중생들을 제도하게 하소서.

10. 「회향문」을 염송한다.

이 공덕으로 모든 것을 다 아는 부처님의 자성을 깨달아
번뇌의 적들을 항복시키고
생로병사의 파도가 넘실대는
윤회의 바다에서 중생들을 해탈하게 하소서.

ཐོག་མར་ཅི་བྱེད་ཆོས་སུ་འགྲོ་བ་སྐྱབས་འགྲོ་སེམས་བསྐྱེད་ལ།
ཐུན་དང་ཐུན་མཚམས་གཉིས་ལས། དང་པོ་ནི།
འཇིག་རྟེན་དང་བྱ་བ་གཞན་གྱི་སྤྲོས་པ་བཅད་དེ་བདེ་བའི་སྟན་ལ་ལུས་གནད་གཟུན་ཏེ།

우선, 모든 행위가 법에 맞게 되는 귀의와 발보리심은 좌복에 앉아 수행할 때와 좌복에서 일어나 쉴 때 둘로 나뉜다.

1. 좌복에 앉아 수행할 때

세간과 기타 희론의 모든 행위들을 끊어야 한다. 편안한 방석에 앉아 몸을 반듯하게 한다.

རང་མདུན་ནམ་མཁར་བླ་མ་རྡོ་རྗེ་འཆང་། །དེ་ལ་དོན་བརྒྱུད་བྱིན་རླབས་བརྒྱུད་པ་དང་། །
ཆོས་འབྲེལ་དད་ཐོབ་བླ་མའི་ཚོགས་ཀྱིས་བསྐོར། །མདུན་དུ་ཡི་དམ་གཡས་སུ་སངས་རྒྱས་དང་། །
རྒྱབ་ཏུ་དམ་ཆོས་གཡོན་དུ་དགེ་འདུན་བཅས། །རང་རང་རིགས་མཐུན་འཁོར་ཚོགས་རྒྱ་མཚོས་བསྐོར། །
སྐྱབས་ཡུལ་ཀུན་གྱི་སྤྱན་ལམ་འོག་ཕྱོགས་སུ། །མ་གྱུར་སེམས་ཅན་ཀུན་ཀྱང་འཁོད་གྱུར་པས། །
རྩེ་གཅིག་ཡིད་ཀྱིས་སྐྱབས་འགྲོ་སེམས་བསྐྱེད་གྱུར། །

자기 앞 허공에 스승 지금강불이 계시는데
뜻과 가피를 전하고 법연 있고 믿음을 주는 스승들이 에워싸고 있습니다.
앞쪽엔 본존, 오른쪽엔 부처님, 뒤쪽엔 정법, 왼쪽엔 승가 대중이 계시는데
각자 자신의 무리를 이룬 권속들이 바다처럼 에워싸고 있습니다.
귀의 성중들이 내려다보는 아래쪽에 어머니와 같은 일체 중생들도 앉아서
마음을 한결같이 집중하여 귀의하고 보리심을 일으킵니다.

བདག་དང་སེམས་ཅན་ཐམས་ཅད་བླ་མ་ལ་སྐྱབས་སུ་མཆིའོ། །
ཡི་དམ་ལྷ་ལ་སྐྱབས་སུ་མཆིའོ། །སངས་རྒྱས་ལ་སྐྱབས་སུ་མཆིའོ། །
ཆོས་ལ་སྐྱབས་སུ་མཆིའོ། །དགེ་འདུན་ལ་སྐྱབས་སུ་མཆིའོ། །

저와 일체 중생은 스승께 귀의합니다.
본존께 귀의합니다. 부처님께 귀의합니다.
정법에 귀의합니다. 승가에 귀의합니다. (5보寶 / 숫자를 세는 곳)

དཀོན་མཆོག་རིགས་ལྔར་སྐྱབས་སུ་འགྲོ་བ་ཅི་ནུས་དང་། དམིགས་པ་དེ་ཉིད་ཀྱི་ཉུས་སུ་མཐུད་དེ་སེམས་བསྐྱེད་བྱ་བ་ནི།
བྱང་ཆུབ་སྙིང་པོར་མཆིས་ཀྱི་བར། །སངས་རྒྱས་རྣམས་ལ་སྐྱབས་སུ་མཆི། །
ཆོས་དང་བྱང་ཆུབ་སེམས་དཔའ་ཡི། །ཚོགས་ལའང་དེ་བཞིན་སྐྱབས་སུ་མཆི། །
ཇི་ལྟར་སྔོན་གྱི་བདེ་གཤེགས་ཀྱིས། །བྱང་ཆུབ་ཐུགས་ནི་བསྐྱེད་པ་དང་། །
བྱང་ཆུབ་སེམས་དཔའི་བསླབ་པ་ལ། །དེ་དག་རིམ་བཞིན་གནས་པ་ལྟར། །
དེ་བཞིན་འགྲོ་ལ་ཕན་དོན་དུ། །བྱང་ཆུབ་སེམས་ནི་བསྐྱེད་བགྱི་ཞིང་། །
དེ་བཞིན་དུ་ནི་བསླབ་པ་ཡང་། །རིམ་པ་བཞིན་དུ་བསླབ་པར་བགྱི། །ལན་གསུམ།

5보 귀의를 할 수 있는 만큼 한다. 관상을 유지하면서 발보리심을 한다.

보리의 정수에 이를 때까지 모든 부처님들께 귀의합니다.
법과 보살 승가에도 이와 같이 귀의합니다.
예전에 선서들께서 먼저 보리심을 일으키고
보살의 학처에 차례대로 머무신 것처럼
그렇게 중생을 이롭게 하기 위하여 보리심을 일으키고서
모든 학처 또한 차례대로 배우겠습니다. (3번 염송)

བྱང་ཆུབ་སེམས་མཆོག་རིན་པོ་ཆེ། །མ་སྐྱེས་པ་རྣམས་སྐྱེ་གྱུར་ཅིག །
སྐྱེས་པ་ཉམས་པ་མེད་པ་དང་། །གོང་ནས་གོང་དུ་འཕེལ་བར་ཤོག །

수승한 보석인 보리심이 일어나지 않았으면 일어나게 하고
일어났으면 줄어들지 않고 점점 늘어나게 하소서.

མཐའ་མར་སྐྱབས་ཡུལ་འོད་ཞུ་བདག་དང་འདྲེས། །

마지막에 귀의처가 빛으로 변하여 자신에게 스며들어 하나가 된다.

གཉིས་པ་ཐུན་མཚམས་སུ། རང་རྒྱུད་བཏང་སྙོམས་སུ་མ་ལུས་པར། གཉེན་པོས་བཟུང་སྟེ། བླ་མ་ལ་མོས་གུས་དྲེ་ཆེ། དཀོན་མཆོག་ལ་དད་པ་ཅི་སྐྱེ། སེམས་ཅན་ལ་སྙིང་རྗེ་དྲེ་སྐྱེད་ལ་འབད་དགོས་པ་ཡིན་ནོ། །

2. 좌복에서 일어나 쉴 때

자기 마음을 평정 상태로 유지하면서, 분별하는 마음을 다스린다. 스승에 대한 공경심을 증장시키고, 삼보에 대한 믿음을 있는 힘껏 일으키고, 중생에 대한 자비심을 일으키려 노력해야 한다.

2. 금강살타

수행 표준순서

1. 몸을 단정히 하고 바르게 앉는다. 가부좌를 하고(반가부좌·평좌도 괜찮다) 편안하게 한다.
2. 「금강총지 기원문」을 염송한다.(부록 2를 보십시오)
3. 의궤를 염송한다.

영광스럽고 편재하시는 지금강불이시며
모든 붓다 부족의 주존이신 스승 까르마빠 존자님,
모든 만달라의 근원이며 윤회와 열반의 상서로운 본존 바즈라요기니,
모든 사업을 총괄하는 호법성중 마하깔라와 반려 권속들에게
수행자인 제가 오로지 공경으로 예경하오니
저버리지 마시고 대자비로써 보호해 주소서.

4. 「4공가행」을 관상한다.

사람 몸의 보배로움, 죽음의 무상함, 인과와 업, 윤회의 고통.

5. 귀의처를 관상하고 '귀의 오체투지' 의궤를 염송한다.

자기 앞 허공에 스승 지금강불이 계시는데
뜻과 가피를 전하고 법연 있고 믿음을 주는 스승들이 에워싸고 있습니다.
그 앞쪽엔 본존, 오른쪽엔 부처님, 뒤쪽엔 정법, 왼쪽엔 승가 대중이 계시는데
각자 자신의 무리를 이룬 권속들이 바다처럼 에워싸고 있습니다.
귀의 성중들이 내려다보는 아래쪽에 어머니와 같은 일체 중생들도 앉아서
마음을 한결같이 집중하여 귀의하고 보리심을 일으킵니다.

6. 일어나서 '오체투지'할 준비를 한다. '5귀의'를 염송하면서 '오체투지'를 한다. 모두 3번 한다.

저와 일체 중생은 스승께 귀의합니다.
본존께 귀의합니다.
부처님께 귀의합니다.
정법에 귀의합니다.
승가에 귀의합니다. (3번)

7. '발보리심'을 염송한다.

보리의 정수에 이를 때까지 모든 부처님들께 귀의합니다.
법과 보살 승가에도 이와 같이 귀의합니다.
예전에 선서들께서 먼저 보리심을 일으키고서
보살의 학처에 차례대로 머무신 것처럼
그렇게 중생을 이롭게 하기 위하여 보리심을 일으키고서
모든 학처 또한 차례대로 배우겠습니다. (3번)
수승한 보석인 보리심이 일어나지 않았으면 일어나게 하고
일어났으면 줄어들지 않고 점점 늘어나게 하소서.

8. '귀의처'가 빛으로 변하여 자신에게 스며들어 하나가 된다.

9. '금강살타'를 관상한다. 의궤를 염송한다.

자기 정수리 위 연꽃과 달의 방석 위에
흰색의 스승 금강살타께서 장엄하고 계십니다.
하나의 얼굴에 두 팔, 오른손엔 금강저,
왼손엔 요령을 들고서 가부좌를 하고 계십니다.

10. 관상을 다한 후, '백자진언'을 염송한다. 긴 진언의 숫자를 센다.

옴 바즈라 싸또 싸마야 마누 빨라야
바즈라 싸또 떼노빠 띳 타 딧또 메 바와
쑤또카요 메 바와 쑤뽀카요 메 바와
아누락또 메 바와 싸르와 씻디 메 쁘라야차
싸르와 까르마 쑤짜 메 찌땀시리얌 꾸루 훔
하하하하 호 바가완 싸르와 따타가따
바즈라 마메 문짜 바즈리 바와 마하 싸마야 싸또 아
옴 바즈라 싸또 훔

11. 의궤를 염송한다.

모든 것에 통달하신 불보살님들께서 살펴주소서.
시작도 없던 때부터 저희들이 탐진치 3독에 의해 신구의 3문으로
부처님의 가르침인 삼계를 어기고 지은 잘못과 악업을 진실로 참회합니다.
다시 짓지 않겠사오니 겪지 않게 하소서.

12. 참회를 한 후, 금강살타께서 우리에게 말씀하시는 것을 관상한다.

"너는 이미 청정해졌다."

13. 금상살타께서 기뻐하시는 모습을 나타내고, 빛으로 변하여 우리 자신에게 스며들어 하나가 된다고 관상한다.

14. 「극락정토 왕생 발원문」을 염송한다.

에마호
희유하신 아미타불과 오른쪽에 대비관세음보살, 왼쪽에 대세지보살을
무량한 불보살님들이 에워싸고 있는 한량 없는 묘락의 극락정토 그곳에
제가 이제부터 목숨이 다할 때까지 그리고 다른 생에서도 끊임없이
거기에 태어나서 아미타불을 친견하게 하소서.
제가 지금 이와 같이 발원하오니 시방의 제불보살님들께서
장애없이 이루어지도록 가피하소서. 따야타 뻰짜디야 아와 보다나예 소하
시방삼세 불보살님들께서는 보살펴 주소서.
지혜·복덕 자량이 원만함을 수희하오며
제가 삼세 동안 쌓은 선업을 삼보에 공양하오니
부처님의 가르침이 흥성하게 하소서.
선업을 중생들에게 회향하오니 모든 중생이 성불하게 하소서.
일체 선근을 한데 모아 제 마음에서 성숙되게 하소서.
번뇌장과 소지장을 청정히 하여 자량이 원만하며 무병장수하고
깨달음이 증장되어 이생에서 십지에 오르게 하소서.
언젠가 목숨이 다하면 그 즉시 극락왕생 하게 하소서.
태어나서 연꽃이 필 때 이 몸으로 성불하게 하소서.
보리과를 성취한 이후에도 화신으로 중생들을 제도하게 하소서.

15. 「회향문」을 염송한다.

이 공덕으로 모든 것을 다 아는 부처님의 자성을 깨달아
번뇌의 적들을 항복시키고
생로병사의 파도가 넘실대는
윤회의 바다에서 중생들을 해탈하게 하소서.

༄ སྡིག་སྒྲིབ་དག་པར་བྱེད་པ་རྡོར་སེམས་སྒོམ་བཟླས་ལ་གཉིས་ལས། དང་པོ་ནི།

죄업과 장애를 정화하고 제거하는 금강살타 수행에는 둘이 있다.

1. 좌복에 앉아 수행할 때

우선 관상・염송해야 한다.

རང་གི་སྤྱི་བོར་པད་ཟླའི་གདན་གྱི་སྟེང་། །བླ་མ་རྡོ་རྗེ་སེམས་དཔའ་རྒྱན་ལྡན་དཀར། །
ཞལ་གཅིག་ཕྱག་གཉིས་གཡས་པས་རྡོ་རྗེ་དང་། །གཡོན་པས་དྲིལ་བུ་འཛིན་ཅིང་སྐྱིལ་ཀྲུང་བཞུགས། །

자기 정수리 위 연꽃과 달의 방석 위에
흰색의 스승 금강살타께서 장엄하고 계십니다.
하나의 얼굴에 두 팔, 오른손엔 금강저,
왼손엔 요령을 들고서 가부좌를 하고 계십니다.

ཐུགས་ཀར་ཟླ་དཀྱིལ་ལ་ཧཱུྃ་དང་སྔགས་ཕྲེང་བཅས་པ་གསལ་བར་དམིགས་ནས་གསོལ་བ་བཏབ་པས་བདུད་རྩིའི་རྒྱུན་སྐུ་ལས་བརྒྱུད་དེ་ཞབས་གཡས་པའི་མཐེ་བོང་ནས་བབས། རང་གི་ཚངས་བུག་ནས་མར་ཞུགས། སྡིག་སྒྲིབ་ཐམས་ཅད་སྣག་ཚའམ་དུད་ཁུ་ལྟ་བུ་ཕྱིར་དོན་ལུས་ཐམས་ཅད་བདུད་རྩིའི་རྒྱུན་དེས་གང་བ་ལ་སེམས་གཏད་དེ།

금강살타 가슴의 월륜에 '훔'자와 백자진언이 염주처럼 에워싸고 있는 것을 선명하게 관상하면서 기도한다. 감로가 본존의 몸에서부터 오른발 엄지발가락으로 흘러내려서, 자신의 백회百會를 통해 몸으로 들어온다. 모든 죄업과 장애가 먹물이나 검은 연기처럼 밖으로 나가고 온몸은 감로로 가득 찼다고 관상한다.

ཨོཾ་བཛྲ་ས་ཏྭ་ས་མ་ཡ། མ་ནུ་པཱ་ལ་ཡ།
བཛྲ་ས་ཏྭ་ཏེ་ནོ་པ་ཏིཥྛ། དྲི་ཌྷོ་མེ་བྷ་ཝ།
སུ་ཏོ་ཥྱོ་མེ་བྷ་ཝ། སུ་པོ་ཥྱོ་མེ་བྷ་ཝ།
ཨ་ནུ་རཀྟོ་མེ་བྷ་ཝ། སརྦ་སིདྡྷི་མྨེ་པྲ་ཡ་ཙྪ།
སརྦ་ཀརྨ་སུ་ཙ་མེ་ཙིཏྟཾ་ཤྲི་ཡཿཀུ་རུ་ཧཱུྃ།
ཧ་ཧ་ཧ་ཧ་ཧོཿ བྷ་ག་ཝཱན། སརྦ་ཏ་ཐཱ་ག་ཏ་
བཛྲ་མཱ་མེ་མུཉྩ་བཛྲཱི་བྷ་ཝ་མ་ཧཱ་ས་མ་ཡ་ས་ཏྭ་ཨཱཿ
ཨོཾ་བཛྲ་ས་ཏྭ་ཧཱུྃ། ཞེས་ཀྱང་ཅི་ནུས་བཟློད་དོ།

옴 바즈라 싸또 싸마야 마누 빨리야
바즈라 싸또 떼노빠 띳 타 딧또 메 바와
쑤또카요 메 바와 쑤뽀카요 메 바와
아누락또 메 바와 싸르와 씻디 메 쁘라야차
싸르와 까르마 쑤짜 메 찌땀시리얌 꾸루 훔
하하하하 호 바가완 싸르와 따타가따
바즈라 마메 문짜 바즈리 바와 마하 싸마야 싸또 아 (숫자를 세는 곳)
옴 바즈라 싸또 훔 (이것 역시 할 수 있는 만큼 많이 염송한다)

ཐམས་ཅད་མཁྱེན་གཟིགས་ལྷ་རྣམས་དགོངས་སུ་གསོལ། །ཐོག་མ་མེད་པའི་དུས་ནས་བདག་ཅག་གིས། །
དུག་གསུམ་དབང་གིས་ལུས་ངག་ཡིད་གསུམ་གྱིས། །སྡོམ་གསུམ་རྒྱལ་བའི་བཀའ་ལས་འདས་གྱུར་པ། །
ཉེས་ལྟུང་སྡིག་པའི་ལས་བགྱིས་མཐོལ་ལོ་བཤགས། །སླན་ཆད་མི་བགྱིད་སྡོང་བར་མ་གྱུར་ཅིག །

모든 것에 통달하신 불보살님들께서 살펴주소서.
시작도 없던 때부터 저희들이 탐진치 3독에 의해 신구의 3문으로
부처님의 가르침인 삼계[2]를 어기고 지은 잘못과 악업을 진실로 참회합니다.
다시 짓지 않겠사오니 겪지 않게 하소서.

ཞེས་སོགས་བཤགས་བསྡམ་བྱ། རྡོ་རྗེ་སེམས་དཔས་ཀྱང་རྣམ་པར་དག་གོ་ཞེས་དགྱེས་པར་མཛད་ཅིང་འོད་དུ་ཞུ་བ་རང་ལ་བསྟིམས་ནས་མཉམ་པར་བཞག །གཉིས་པ་ནི། ཉོན་མོངས་དང་རྣམ་རྟོག་ཅི་ཤར་ཡང་། ཤར་མ་ཐག་ཏུ་དྲན་པས་བཟུང་ནས་འཕྲོ་ཐད་བཅད་ནས་འཛིན་མེད་ཀྱི་ངང་དུ་བཞག །སེམས་ཅན་གང་མཐོང་ཐོས་དྲན་གསུམ་བྱུང་རིགས་དང་། ལྷག་པར་སྡིག་པོ་ཆེ་ལ་དམིགས་ནས་རྡོར་སེམས་སྤྱི་བོར་བསྒོམ་ཞིང་ཡིག་བརྒྱ་བཟློད་དོ། །

이상이 참회계이다. 금강살타께서 말씀하시길 "모든 것이 청정해졌다"라 하며 기뻐하시고, 빛으로 변하여 자신에게 흡수된다고 관상하고 선정에 든다.

2. 좌복에서 일어나 쉴 때

어떤 번뇌와 망상이 일어나더라도 일어나자마자, 정념正念으로 알아차려 철저히 끊어버리고 집착 없는 본성에 머문다. 어떤 중생이건 내가 보고·듣고·기억나는 자, 특히 중죄를 지은 자에 대해서 금강살타를 정수리에서 관상 수행하고 백자진언을 염송한다.

---

2 삼계三戒: 별해탈계 · 보살계 · 금강승계

3. 만달라

수행 표준순서

1. 몸을 단정히 하고 바르게 앉는다. 가부좌를 하고(반가부좌·평좌도 괜찮다) 편안하게 한다.
2. 「금강총지 기원문」을 염송한다.(부록 2를 보십시오)
3. 의궤를 염송한다.

   영광스럽고 편재하시는 지금강불이시며
   모든 붓다 부족의 주존이신 스승 까르마빠 존자님,
   모든 만달라의 근원이며 윤회와 열반의 상서로운 본존 바즈라요기니,
   모든 사업을 총괄하는 호법성중 마하깔라와 반려 권속들에게
   수행자인 제가 오로지 공경으로 예경하오니
   저버리지 마시고 대자비로써 보호해 주소서.

4. 「4공가행」을 관상한다.
   사람 몸의 보배로움, 죽음의 무상함, 인과와 업, 윤회의 고통.
5. '오체투지' 의궤를 3번 염송한다. '5귀의'를 하기 전에 일어나 '오체투지' 준비를 한다. '5귀의'를 염송하면서 '오체투지'를 한다. 모두 3번 한다.

자기 앞 허공에 스승 지금강불이 계시는데
뜻과 가피를 전하고 법연 있고 믿음을 주는 스승들이 에워싸고 있습니다.
그 앞쪽엔 본존, 오른쪽엔 부처님, 뒤쪽엔 정법, 왼쪽엔 승가 대중이 계시는데
각자 자신의 무리를 이룬 권속들이 바다처럼 에워싸고 있습니다.
귀의 성중들이 내려다보는 아래쪽에 어머니와 같은 일체 중생들도 앉아서
마음을 한결같이 집중하여 귀의하고 보리심을 일으킵니다.

저와 일체 중생은 스승께 귀의합니다.
본존께 귀의합니다.
부처님께 귀의합니다.
정법에 귀의합니다.
승가에 귀의합니다. (5귀의를 염송하면서 오체투지를 한다. 모두 3번)

보리의 정수에 이를 때까지 모든 부처님들께 귀의합니다.
법과 보살 승가에도 이와 같이 귀의합니다.
예전에 선서들께서 먼저 보리심을 일으키고
보살의 학처에 차례대로 머무신 것처럼
그렇게 중생을 이롭게 하기 위하여 보리심을 일으키고서
모든 학처 또한 차례대로 배우겠습니다. (3번)

수승한 보석인 보리심이 일어나지 않았으면 일어나게 하고
일어났으면 줄어들지 않고 점점 늘어나게 하소서.

'귀의처'가 빛으로 변하여 자신에게 스며들어 하나가 된다고 관상한다.

6. '금강살타' 의궤를 염송한다.

자기 정수리 위 연꽃과 달의 방석 위에
흰색의 스승 금강살타께서 장엄하고 계십니다.
하나의 얼굴에 두 팔, 오른손엔 금강저,
왼손엔 요령을 들고 가부좌를 하고 계십니다.

옴 바즈라 싸또 싸마야 마누 빨라야
바즈라 싸또 떼노빠 땃 타 딧또 메 바와
쑤또카요 메 바와 쑤뽀카요 메 바와
아누락또 메 바와 싸르와 씻디 메 쁘라야차
싸르와 까르마 쑤짜 메 찌땀시리얌 꾸루 훔
하하하하 호 바가완 싸르와 따타가따
바즈라 마메 문짜 바즈리 바와 마하 싸마야 싸또 아
옴 바즈라 싸또 훔 (「백자진언」을 3번 염송한다)

모든 것에 통달하신 불보살님들께서 살펴주소서.
시작도 없던 때부터 저희들이 탐진치 3독에 의해 신구의 3문으로
부처님의 가르침인 삼계를 어기고 지은 잘못과 악업을 진실로 참회합니다.
다시 짓지 않겠사오니 겪지 않게 하소서.

참회를 한 후, 금강살타께서 우리에게 말씀하시는 것을 관상한다. "너는 이미 청정해졌다." 그러고 나서 금강살타께서 기뻐하시는 모습을 나타내고, 빛으로 변하여 우리 자신에게 스며들어 하나가 된다고 관상한다.

7. '만달라'

먼저 의궤의 설명에 따라 '성취 만달라'를 관상한다. 즉, 어떠한 재질

이든 간에 만달라판 위에는 사방과 중앙, 5곳이 있다. 각각의 연꽃 받침 위에 8마리 사자가 있고, 사자 위에는 보좌가, 보좌 위에는 연꽃이 있다. 연꽃 위에 해·달 방석이 있다. 방석 가운데는 스승, 앞쪽은 본존, 오른쪽(스승의 오른쪽)은 부처님, 뒤에는 정법, 왼쪽에는 승가 대중, 주위에는 성현 호법 등이 계시다고 관상한다. 의미를 생각하면서 7지 공양을 올린다.

8. '7지 공양' 의궤를 염송한다.

밀엄 법계의 궁전에 계신 삼세 모든 부처님의 본래 갖추고 있는 성품이시며
자기 마음이 법신임을 명백하게 보여주시는 거룩한 스승께 정례합니다.
몸과 재물을 마음으로 나툰 공양물 모두를 공양 올리며 찬탄합니다.
이전에 지은 모든 죄업 남김없이 참회하며 죄업을 다시는 짓지 않겠습니다.
일체 중생의 모든 선업을 수희합니다.
수승한 보리의 인因으로 회향합니다.
열반에 들지 말고 머물러 주시길 간청합니다.
위없고 수승한 법륜 굴려 주소서.
치우침 없는 자애와 자비에 능통하시고 구생 법신의 근본 지혜를
불보살님들께서 깨달으신 것처럼 제가 바로 눈앞에서 깨닫도록 가피해 주소서.

9. 만달라 공양을 수행하기 전에, 왼손에 약간의 쌀이나 보물 혹은 약재를 쥐고서 만달라판을 든다. 오른손에는 약간의 쌀·보물 혹은 약재를 쥐고 있다.

10. 그러고 나서 오른 손바닥 아랫부분으로 만달라를 오른쪽으로 두 번, 왼쪽으로 한 번 돌린다.(오른쪽으로 세 번 해도 괜찮다)

11. 오른쪽 왼쪽으로 돌릴 때, 온 세계가 유리 정토 혹은 평평한 황금 대지로 변하였다고 관상한다.
12. 다시 오른손에 쥔 쌀이나 물품을 천천히 만달라의 중간에서부터 가볍게 뿌린다. 문장에 따라 그 내용을 관상하면서 숫자를 세기 시작한다.
13. 이어서 바로 '일곱 더미 공양'을 수행한다.(33쪽 〈일곱 더미 공양 만달라 도해〉처럼 한다)

14. 「만달라」 공양 의궤를 염송한다.(문장에 따라 그 내용을 관상하면서 수를 세기 시작한다)

대지에 향수를 바르고 꽃을 뿌리며
수미산과 사대주·해와 달로 장엄한
이것을 불국토로 관상하고서 공양 올립니다.
일체 중생이 청정 국토에서 향유하게 하소서.

이담 구루 라뜨나 만달라 캄 니리야 따야미

이른바 일곱 더미 공양은 바로(자신이 앉은 위치를 위주로 한다) 중앙·(자신의) 앞쪽·(자신의) 오른쪽·아래쪽·왼쪽·왼쪽 위·오른쪽 아래 등의 순서이다.

15. 의궤를 관상한다.

염송을 하면서 만달라 공양을 올린다. 마음속에 명료하게 나타날 때까지 한다. 마지막에 공양의 대상 등에 대한 삼륜 청정을 생각하면서 선정에 든다.

16. 귀의처가 빛으로 변하여 스승과 합쳐지고, 그러고 나서 자신과 합해져 하나가 된다고 관상한다.

17. 「극락정토 왕생 발원문」을 염송한다.

에마호
희유하신 아미타불과 오른쪽에 대비관세음보살, 왼쪽에 대세지보살을
무량한 불보살님들이 에워싸고 있는 한량 없는 묘락의 극락정토 그곳에
제가 이제부터 목숨이 다할 때까지 그리고 다른 생에서도 끊임없이
거기에 태어나서 아미타불을 친견하게 하소서.
제가 지금 이와 같이 발원하오니 시방의 제불보살님들께서
장애없이 이루어지도록 가피하소서. 따야타 뻰짜디야 아와 보다나예 소하
시방삼세 불보살님들께서는 보살펴 주소서.
지혜·복덕 자량이 원만함을 수희하오며
제가 삼세 동안 쌓은 선업을 삼보에 공양하오니
부처님의 가르침이 흥성하게 하소서.
선업을 중생들에게 회향하오니 모든 중생이 성불하게 하소서.
일체 선근을 한데 모아 제 마음에서 성숙되게 하소서.
번뇌장과 소지장을 청정히 하여 자량이 원만하며 무병장수하고
깨달음이 증장되어 이생에서 십지에 오르게 하소서.
언젠가 목숨이 다하면 그 즉시 극락왕생 하게 하소서.
태어나서 연꽃이 필 때 이 몸으로 성불하게 하소서.
보리과를 성취한 이후에도 화신으로 중생들을 제도하게 하소서.

18. 「회향문」을 염송한다.

이 공덕으로 모든 것을 다 아는 부처님의 자성을 깨달아
번뇌의 적들을 항복시키고
생로병사의 파도가 넘실대는
윤회의 바다에서 중생들을 해탈하게 하소서.

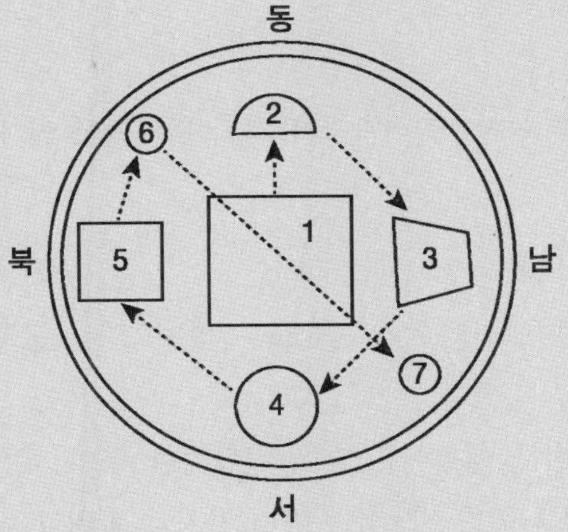

•일곱 더미 공양 만달라 도해
1. 수미산
2-5. 4대주
6. 해
7. 달

༄ ཚོགས་གཉིས་རྫོགས་པར་བྱེད་པ་མཎྜལ་གྱི་ཆོ་ག་ལ་གཉིས་ལས། དང་པོ་ནི། ཞིང་གཙོ་བོར་གྱུར་པ་སྒྲུབ་པའི་མཎྜལ། དངོས་པོ་གཙོ་བོར་གྱུར་པ་མཆོད་པའི་མཎྜལ་གཉིས་ལས་དང་པོ་ནི། མཎྜལ་གྱི་གཞི་གང་ཡང་རུང་བར་ཕྱོགས་བཞིར་དབུས་དང་ལྔར། པདྨའི་སྡོང་པོ་རེ་རེར་སེང་གེ་བརྒྱད་ཀྱིས་བཏེགས་པའི་རིན་པོ་ཆེའི་ཁྲི་པདྨ་ཉི་ཟླའི་སྟེང་དུ། དབུས་སུ་བླ་མ། མདུན་དུ་ཡི་དམ། གཡས་སུ་སངས་རྒྱས། རྒྱབ་ཏུ་ཆོས། གཡོན་དུ་དགེ་འདུན་དཀོན་མཆོག་རྣམས་དང་། མཐར་དམ་པའི་ཆོས་སྐྱོང་བ་དང་བཅས་པ་དམིགས་ལ། དོན་དྲན་བཞིན་པས་ཡན་ལག་བདུན་པ་ཡང་འབུལ་ཏེ།

복덕 자량과 지혜 자량을 원만히 하는 만달라 의궤에는 둘이 있다.

1. 좌복에 앉아 수행할 때

주로 자량전이 되는 성취 만달라와 주로 물질의 인연이 되는 공양 만달라이다.

이른바 성취 만달라는 어떠한 재질이든 간에 만달라판 위의 사방과 중앙, 다섯 곳에 각각의 연꽃 받침 위, 여덟 마리 사자가 받치고 있는 보좌인 연꽃・해・달 방석 위에, 가운데 스승, 앞쪽에 본존, 오른쪽에 부처님, 뒤에 정법, 왼쪽에 승가 대중, 그 주위에 호법 성중 등이 계시다고 관상한다. 의미를 생각하면서 7지 공양을 올린다.

འོག་མིན་ཆོས་ཀྱི་དབྱིངས་ཀྱི་ཕོ་བྲང་དུ། །དུས་གསུམ་སངས་རྒྱས་ཀུན་གྱི་ངོ་བོ་ཉིད། །
རང་སེམས་ཆོས་སྐུར་མངོན་སུམ་སྟོན་མཛད་པའི། །དཔལ་ལྡན་བླ་མ་དམ་པ་ལ་ཕྱག་འཚལ། །
ལུས་དང་ལོངས་སྤྱོད་ཡིད་ཀྱིས་སྤྲུལ་པ་ཡི། །མཆོད་པ་ཀུན་གྱིས་མཆོད་ཅིང་བསྟོད་པར་བགྱི། །
སྔར་བྱས་སྡིག་པ་མ་ལུས་བཤགས་པར་བྱ། །སྡིག་པ་གཞན་ཡང་སླད་ཆད་མི་བགྱིད་དོ། །
འགྲོ་ཀུན་དགེ་བ་ཀུན་ལ་རྗེས་ཡི་རང་། །བྱང་ཆུབ་མཆོག་གི་རྒྱུར་ནི་བསྔོ་བར་བགྱི། །
མྱ་ངན་མི་འདའ་བཞུགས་པར་གསོལ་བ་འདེབས། །ཐེག་མཆོག་བླ་མེད་ཆོས་འཁོར་བསྐོར་བར་བསྐུལ། །
བྱམས་དང་སྙིང་རྗེ་ཕྱོགས་མེད་འབྱོངས་པ་དང་། །དོན་དམ་ལྷན་ཅིག་སྐྱེས་པའི་ཡེ་ཤེས་དེ། །
རྒྱལ་བ་སྲས་བཅས་རྣམས་ཀྱིས་རྟོགས་པ་ལྟར། །བདག་གིས་མངོན་སུམ་རྟོགས་པར་བྱིན་གྱིས་རློབས། །

밀엄 법계의 궁전에 계신 삼세 모든 부처님의 본래 갖추고 있는 성품이시며
자기 마음이 법신임을 명백하게 보여주시는 거룩한 스승께 정례합니다.
몸과 재물을 마음으로 나툰 공양물 모두를 공양 올리며 찬탄합니다.
이전에 지은 모든 죄업 남김없이 참회하며 죄업을 다시는 짓지 않겠습니다.
일체 중생의 모든 선업을 수희합니다.
수승한 보리의 인因으로 회향합니다.
열반에 들지 말고 머물러 주시길 간청합니다.
위없고 수승한 법륜 굴려 주소서.
치우침 없는 자애와 자비에 능통하시고 구생 법신의 근본 지혜를
불보살님들께서 깨달으신 것처럼 제가 바로 눈앞에서 깨닫도록 가피해 주소서.

མཆོད་པའི་མཎྜལ་ཕྲངས་ནས།
ས་གཞི་སྤོས་ཆུས་བྱུགས་ཤིང་མེ་ཏོག་བཀྲམ། །རི་རབ་གླིང་བཞི་ཉི་ཟླས་བརྒྱན་པ་འདི། །
སངས་རྒྱས་ཞིང་དུ་དམིགས་ཏེ་ཕུལ་བ་ཡིས། །འགྲོ་ཀུན་རྣམ་དག་ཞིང་ལ་སྤྱོད་པར་ཤོག །
ཨིདཾ་གུརུ་རཏྣ་མཎྜལ་ཀཾ་ནིརྻཱཏཡ་མི།

공양 만달라를 든다. (숫자를 세는 곳)

대지에 향수를 바르고 꽃을 뿌리며

수미산과 사대주·해와 달로 장엄한

이것을 불국토로 관상하고서 공양 올립니다.

일체 중생이 청정 국토에서 향유하게 하소서.

이담 구루 라뜨나 만달라 캄 니라야 따야미

ཞེས་མཇལ་འདོན་སྨོན་སྨྲགས་པ་བློ་ལ་རྣམ་པ་གསལ་པོར་མ་ཤར་གྱི་བར་དུ་འབུལ། མཐར་མཆོད་ཡུལ་སོགས་ལ་འཁོར་གསུམ་གྱི་རྟོག་པ་མེད་པར་མཉམ་པར་བཞག །གཉིས་པ་ནི། རང་འདོད་ཀྱི་འཁྲི་བ་སྤངས་ནས་སྒོ་གསུམ་བླ་མ་དང་དཀོན་མཆོག་ལ་འབུལ། ཁྱད་པར་སྐྱབས་གནས་དེ་དག་གི་རྟེན་ལ་སྲི་ཞུ་དང་རིམ་གྲོ་སོགས་བྱེད། །

염송을 하면서(문장을 따라 관상한다) 만달라 공양을 올린다. 마음속에 명료하게 나타날 때까지 한다. 마지막에 공양의 대상 등에 대한 삼륜 청정(올리는 자, 올리는 물건, 받는 자 등 세 가지 상相이 없다)을 생각하면서 선정에 든다. (왜 선정을 닦아야만 하는가? 마음속에 마하무드라의 씨앗을 심어 마하무드라에 상응할 수 있도록 하기 위함이다.)

2. 좌복에서 일어나 쉴 때(일상생활에서)

사사로운 마음을 끊어 버리고 3문으로 스승과 삼보에 공양한다. 더욱이 귀의처들(예를 들어, 불탑·스승)에 대해 받들고 공양해야 한다.

4. 구루 요가

수행 표준순서

▪ 까르마빠 존자님 지시

'구루 요가'는 가피법입니다. 수행자 개인은 공경과 정성으로 기도해야 합니다. 존자님 법문의 녹음·촬영과 개인의 필기 등은 모두 공개될 수 없습니다. 그러므로 법문의 표준 순서는 제자들이 직접 들은 법문과 의궤, 자기 스스로의 체득에 따릅니다.

▪ '구루 요가'를 수행하기 전에, 앞의 세 예비수행을 다하고 나서, '구루 요가' 수행에 들어갈 수 있습니다.

༄ བྱིན་རླབས་མྱུར་དུ་འཇུག་པར་བྱེད་པ་བླ་མའི་རྣལ་འབྱོར་ལ་གཉིས་ལས། དང་པོ་ནི། ཐུན་
མིན་དང་ཐུན་མོང་གཉིས་ལས་འདིར་ཕྱི་མ་ལྟར་སྒོམ་ན།
རང་ཡི་དམ་གྱི་ལྟར་མོས་ཏེ།

신속하게 변화를 이루는(신속하게 가피를 얻는) 구루 요가에는 둘이 있다. 공통으로 하지 않는 수행과 공통으로 하는 수행이다. 두 가지 중에 여기서는 후자를 수행한다.

1. 좌복에 앉아 수행할 때

자신을 본존으로 관상한다.

སྤྱི་བོར་པདྨ་ཉི་ཟླའི་གདན་སྟེང་དུ། །
རྩ་བའི་བླ་མ་རྡོ་རྗེ་འཆང་དབང་པོ། །
སྔོ་བསང་རྡོ་དྲིལ་འཛིན་པའི་ཕྱག་རྒྱ་བསྣོལ། །
རིན་ཆེན་རྒྱན་མཛེས་མཚན་དཔེ་རབ་ཏུ་འབར། །
ཕྱོགས་དུས་རྒྱལ་ཀུན་འདུས་པའི་ངོ་བོར་གསལ། །

정수리 위에 연꽃과 해, 달의 방석 위에
근본 스승 지금강불이 계시는데
질푸른 색에 금강저와 요령을 교차한 수인을 하고
보석으로 장엄하였으며 상호는 매우 빛이 나
시방삼세 모든 부처님의 응집된 성품이 밝게 드러나십니다.

ཡན་ལག་བདུན་པ་གོང་བཞིན་ལ།

앞에서 서술한 것처럼 7지 공양을 한다.

འོག་མིན་ཆོས་ཀྱི་དབྱིངས་ཀྱི་ཕོ་བྲང་དུ། །དུས་གསུམ་སངས་རྒྱས་ཀུན་གྱི་ངོ་བོ་ཉིད། །
རང་སེམས་ཆོས་སྐུར་མངོན་སུམ་སྟོན་མཛད་པའི། །དཔལ་ལྡན་བླ་མ་དམ་པ་ལ་ཕྱག་འཚལ། །
ལུས་དང་ལོངས་སྤྱོད་ཡིད་ཀྱིས་སྤྲུལ་པ་ཡི། །མཆོད་པ་ཀུན་གྱིས་མཆོད་ཅིང་བསྟོད་པར་བགྱི། །
སྔར་བྱས་སྡིག་པ་མ་ལུས་བཤགས་པར་བྱ། །སྡིག་པ་གཞན་ཡང་སླད་ཆད་མི་བགྱིད་དོ། །
འགྲོ་ཀུན་དགེ་བ་ཀུན་ལ་རྗེས་ཡི་རང་། །བྱང་ཆུབ་མཆོག་གི་རྒྱུར་ནི་བསྔོ་བར་བགྱི། །
མྱ་ངན་མི་འདའ་བཞུགས་པར་གསོལ་བ་འདེབས། །ཐེག་མཆོག་བླ་མེད་ཆོས་འཁོར་བསྐོར་བར་བསྐུལ། །
བྱམས་དང་སྙིང་རྗེ་ཕྱོགས་མེད་འབྱོངས་པ་དང་། །དོན་དམ་ལྷན་ཅིག་སྐྱེས་པའི་ཡེ་ཤེས་དེ། །
རྒྱལ་བ་སྲས་བཅས་རྣམས་ཀྱིས་རྟོགས་པ་ལྟར། །བདག་གིས་མངོན་སུམ་རྟོགས་པར་བྱིན་གྱིས་རློབས། །

밀엄 법계의 궁전에 계신 삼세 모든 부처님의 본래 갖추고 있는 성품이시며
자기 마음이 법신임을 명백하게 보여주시는 거룩한 스승께 정례합니다.
몸과 재물을 마음으로 나툰 공양물 모두를 공양 올리며 찬탄합니다.
이전에 지은 모든 죄업 남김없이 참회하며 죄업을 다시는 짓지 않겠습니다.
일체 중생의 모든 선업을 수희합니다.
수승한 보리의 인因으로 회향합니다.
열반에 들지 말고 머물러 주시길 간청합니다.
위없고 수승한 법륜 굴려 주소서.
치우침 없는 자애와 자비에 능통하시고 구생 법신의 근본 지혜를
불보살님들께서 깨달으신 것처럼 제가 바로 눈앞에서 깨닫도록 가피해 주소서.

སྐུ་བཞི་མ་དང་།

མ་ནམ་མཁའ་དང་མཉམ་པའི་སེམས་ཅན་ཐམས་ཅད་བླ་མ་སངས་རྒྱས་རིན་པོ་ཆེ་ལ་གསོལ་བ་འདེབས་སོ། །
མ་ནམ་མཁའ་དང་མཉམ་པའི་སེམས་ཅན་ཐམས་ཅད་བླ་མ་ཀུན་ཁྱབ་ཆོས་ཀྱི་སྐུ་ལ་གསོལ་བ་འདེབས་སོ། །
མ་ནམ་མཁའ་དང་མཉམ་པའི་སེམས་ཅན་ཐམས་ཅད་བླ་མ་བདེ་ཆེན་ལོངས་སྤྱོད་རྫོགས་པའི་སྐུ་ལ་གསོལ་བ་འདེབས་སོ། །
མ་ནམ་མཁའ་དང་མཉམ་པའི་སེམས་ཅན་ཐམས་ཅད་བླ་མ་ཐུགས་རྗེ་སྤྲུལ་པའི་སྐུ་ལ་གསོལ་བ་འདེབས་སོ། །

4신身 기원문: (숫자를 센다)

허공에 가득 찬, 내 어머니였던 일체 중생이 불보 스승께 기원합니다.
허공에 가득 찬, 내 어머니였던 일체 중생이 온 누리에 두루 계신 법신 스승께 기원합니다.
허공에 가득 찬, 내 어머니였던 일체 중생이 대락 원만 보신 스승께 기원합니다.
허공에 가득 찬, 내 어머니였던 일체 중생이 대비 화신 스승께 기원합니다.

བླ་མ་རིན་པོ་ཆེ། །དོན་གྱི་བརྒྱུད་པ་ཅན། །བྱིན་རླབས་ཀྱི་འཕོ་བ་མཁན། །རྟོགས་པའི་གདེང་ཚད་ཅན། །
མངོན་ཤེས་སྤྱན་དང་ལྡན་པ། །རྫུ་འཕྲུལ་བཀོད་པ་བསྟན་ཏེ། །
བཟོད་མེད་བཀའ་དྲིན་སྩོལ་བ། །སངས་རྒྱས་ལག་བཅངས་སུ་གཏོད་པ། །
ཐ་མལ་སྣང་བ་བསྒྱུར་ཏེ། །དག་པ་རབ་འབྱམས་སྟོན་པ། །
འཕགས་པ་འཇིག་རྟེན་དབང་ཕྱུག །སྙིང་ལོང་རུས་པའི་གཏིང་ནས། །གཅིག་ཐུབ་གསོལ་བ་འདེབས་སོ། །
ཐུགས་རྗེས་འཛིན་པར་ཞུ་དང་། །དངོས་གྲུབ་ཀྱི་ཚན་ཁ་ཅན། །བཀའ་བརྒྱུད་སྟོད་པ་མེད་པ། །
དམུ་རྒོད་འདུལ་བའི་ནུས་པ། །འཕྲིན་ལས་འགྲན་ཟླ་བྲལ་བ། །རྫོགས་པའི་སངས་རྒྱས་དམ་པ། །
སྒོ་གསུམ་དགེ་རྩ་དང་བཅས་པ། །མཐའ་མེད་སེམས་ཅན་དོན་དུ། །
ད་ལྟ་ཉིད་དུ་འབུལ་ལོ། །བརྩེ་བ་ཆེན་པོས་བཞེས་ཤིག །
བཞེས་ནས་འགྲོ་བ་ཀུན་གྱི། །གཏན་སྐྱབས་ཐུབ་པའི་བླ་མ། །
རྗེ་བཙུན་ཁྱེད་རང་ལྟ་བུར། །སྙིང་ནས་བྱིན་གྱིས་རློབས་ཤིག །

존귀하신 스승은 뜻의 전승자이시고 가피를 주는 분이시며,
깨달음의 확신자이십니다.
신통한 5안을 갖추셨고 신변을 나투어 보여주십니다.
감당하기 어려운 큰 은혜를 베푸시어 불과佛果를 손에 쥐어 주십니다.
범부의 모습으로 오시어 한없는 청정함을 보여주십니다.
관세음보살님, 저는 마음 깊은 곳에서부터 공경심으로 간절하게 기원합니다.
자비로써 섭수하여 주소서. 성취의 위력이 있고 쟁론의 여지가 없는 까규,
흉포한 자들을 조복시킨 힘, 필적할 수 없는 사업, 원만한 청정 부처님,
3문 선근을 끝없는 중생을 이익 되게 하기 위하여
바로 지금 공양합니다. 대자비 당신께서 받아주소서.
받으시고 일체 중생의 영원한 안식처이신 스승님,
당신처럼 될 수 있도록 마음으로부터 가피하여 주소서.

ཀར་མཁྱེན་དང་གཞན་ཡང་གསོལ་འདེབས་ཡུན་རིང་དུ་བྱ། བླ་མ་རྡོ་རྗེ་འཆང་རབ་ཏུ་དགྱེས་པའི་སྐུའི་གནས་གསུམ་ལས་འོད་ཟེར་དཀར་དམར་མཐིང་གསུམ་འཕྲོས། རང་གི་སྒོ་གསུམ་གྱི་དྲི་མ་དག །དབང་བཞི་ཐོབ། སྐུ་བཞི་མངོན་དུ་བྱས། མཐར་འོད་དུ་ཞུ་ནས་རང་ལ་ཐིམ་པས་བླ་མའི་སྐུ་གསུང་ཐུགས་དང་རང་གི་ལུས་ངག་ཡིད་གསུམ་དབྱེར་མེད་དུ་གྱུར་པ་ལ་སེམས་བཞག་གོ

།གཉིས་པ་ནི། སྤྱོད་ལམ་ཐམས་ཅད་དུ་བླ་མའི་སྣང་བ་དང་མི་འབྲལ་བར་བྱ། སྐྱིད་སྡུག་ཐམས་ཅད་བླ་མའི་སྐུ་དྲིན་དུ་བལྟ་ཞིང་། རྗེའི་བཞེད་པ་དང་རང་གི་འདོད་པ་རྒྱབ་འགལ་དུ་མ་སོང་བར་ཐུགས་ཡིད་གཅིག་འདྲེས་སུ་ཤོག་སྙམ་པའི་མོས་པ་འཕྲལ་འཕྲལ་བསྐྱེད། མདོར་ན་ཞི་སོགས་ཀྱི་ལས་གང་སྒྲུབ་ཀྱང་དམིགས་རྣམ་བསྒྱུར་བ་ཙམ་ལས་བླ་མ་ཉིད་ཀྱིས་ཆོག་པར་བྱའོ།

།ཚུལ་འདི་རང་གི་འཕྲུལ་མཁོར་རྗེ་ཞྭ་དམར་ལྔ་པའི་སྔོན་འགྲོའི་མན་ངག་དང་མཐུན་པར་ཀརྨ་པར་འབོད་པ། ཨོ་རྒྱན་ཕྲིན་ལས་པས་སྐྱོད་རྒྱུད་གཙུག་ལག་ཁང་དུ་ཆུ་སྟོད་ཀྱི་ཉ་བའི་ཡར་ཚེས་དགུ་ལ་སྒྲུབ་པར་སྦྱར་བའོ། ། །།

오랫동안 '까르마빠 켄노'와 다른 기원문을 염송한다. 스승 지금강불께서 매우 기뻐하시고 몸의 세 요처인 이마·목·가슴에서 흰색·붉은색·푸른색의 빛을 방사하시어 3문 허물이 정화되고 네 가지 관정을 얻는다. 사신四身을 나투어 마지막에 빛으로 변하여 자신에게 스며듦으로써 스승의 몸·말·마음과 자신의 몸·말·마음이 하나가 되었다고 관상한다.

2. 좌복에서 일어나 쉴 때

일체 행위에서 스승의 모습과 떨어지지 않는다. 모든 즐거움과 괴로움을 스승의 은혜로 보아, 스승과 자신의 바람이 어긋나지 않고 마음이 하나로 일치되기를 바라고, 공경이 신속하게 일어나기를 바란다. 요컨대, 어떠한 적정존 등의 행을 짓더라도 대상과 모습을 바꾸는 것일 뿐이니, 스승의 모습만으로도 충분하다.

이 기도집은 내가 급히 필요해서 5대 샤말빠의 예비수행 구결과 부합하게 까르마빠라고 불리는 오갠 틴래가 규또 사원에서 티벳력 6월 9일에 편술하였다. (2006년 8월 3일)

2부

본문편

까르마빠 존자님 제2차 〈법통 수행〉과정 「4불공가행」

첫째 날 수업

교수: 제17대 법왕 까르마빠 오갠 틴래 도제
시간: 2006년 12월 23일
장소: 인도 보드가야 떼갈 사원
중국어 번역: 켄보 딴지에 / 정리: 런쥐 스님 / 감수: 켄보 딴지에

나무 향운개 보살 마하살 (3번)
대중이 존자님께 3번 절한다.
나무 본사 석가모니불 (3번)
『반야바라밀다심경』
「금강총지 기원문」

여러분 손에는 이 법본 의식집이 있어야 합니다. 이번에 가장 주요한 교학 내용은 바로 이 『4불공가행』입니다. 평상시 우리가 4가행 수행을 할 때 사용하는 판본은 긴 4불공가행 의궤입니다. 그러나 이번 과정은 4일의 시간만 있기 때문에 긴 의궤를 가르칠 방법이 없습니다. 이번 과정을 위하여 저는 이 『4불공가행』을 편집하였습니다. 여러분

이 갖고 있는 이 책의 특별한 점은 두 가지입니다.

1. 이번 법통 수행 과정을 위하여 특별히 편집한 것입니다.
2. 외국인 제자들은 일이 많고 매우 바쁘기 때문에 긴 의궤를 수행할 시간이 없습니다. 그래서 이 간략한 의궤를 편집하여 여러분이 편리하게 수행할 수 있도록 했습니다.

여기에서 또 강조해야 할 점이 있습니다. 가행을 수행하려는 티벳인의 경우, 이 약본 의궤의 구전을 받았을지라도 이 법을 수행할 수 없습니다. 티벳인은 보통 비교적 간단하고 간략한 것을 좋아하기 때문입니다. 만약 약본 의궤로도 수행할 수 있다는 것을 알게 된다면 아마도 긴 의궤를 수행해야 된다는 것을 잊게 될 것입니다. 그러므로 여기에서 특히 강조하건대, 티벳인은 간략한 의궤의 구전을 받았다 하더라도 마음대로 수행할 수 없습니다. 특별히 나에게 와서 청하고 허락을 받은 뒤에야 수행할 수 있습니다.

▮자격을 갖춘 스승의 구전과 관정이 있어야 수행할 수 있다

오늘은 첫째 날입니다. 강의하려는 내용은 귀의와 발보리심입니다. 바로 귀의 오체투지 부분입니다.

누구든지 공통의 법으로 자기 마음을 먼저 정화하고 나서, 자격을 갖춘 스승으로부터 관정과 가르침을 잘 받은 후에, 마하무드라의 공통적이지 않은 예비수행을 염송하고 수행한다.

“누구든지”는 이 법을 수행하는 사람을 가리킵니다. 근기와 신분이 달라 확실히 어떤 수행자들은 시작하자마자 바로 직접 마하무드라 수행에 들어갑니다. 그러나 이것은 특수한 상황일 뿐입니다. 만약 일반적인 상황 혹은 전체 교법의 순서에 따라 말하자면, 우선 우리가 갖추어야 하는 준비과정은 「공가행(공통적인 예비수행)」의 수행 혹은 공통의 법으로 먼저 자기 마음을 청정하게 한 후에야 「불공가행(공통적이지 않은 예비수행)」 수행에 들어갈 수 있습니다. 수행자는 「공가행」 수행의 중요한 의미를 파악하기 전에 「불공가행」 수행에 들어갈 수 없습니다. 들어갔다 하더라도 의미가 없으며, 동시에 또한 허락받지 못합니다.

이를테면, 과거 까담파의 전통적인 수행 방식은 공가행 중 ‘무상관상’을 끊임없이 수행해서 무상에 대한 체험이 일어난 뒤에야 두 번째 단계의 수행에 들어갈 수 있습니다. **설령 이생에서 무상에 대한 체험을 계속 일으키지 못할 수 있지만 그래도 끊임없이 발원할 것입니다. 죽는 그 순간에 무상에 대한 체득이 일어날 수 있기를 희망합니다.** 이것이 전통적인 수행의 순서입니다. 첫 번째 단계의 공통적인 예비수행에서 체험이 있은 뒤에야 두 번째 공통적인 예비수행에 들어가기 시작합니다.

마하무드라 예비수행에 있어서는, 특수한 전통이기 때문에 꼭 4공가행의 첫 번째, ‘사람 몸의 보배로움’에 대한 체험이 있어야만 두 번째 명상 수행에 들어갈 수 있는 것은 아닙니다. 어떤 수행자는 ‘사람 몸의 보배로움’의 체험을 일으키지 못할 수 있습니다. 그러나 ‘무상’의 명상 수행은 오히려 일어나는 것을 느낄 수 있습니다. 그러므로 개인마다 상황이 다르니 반드시 억지로 고심해서 순서에 따라 수행해야만 하는 것은 아닙니다.

마하무드라의 공통적이지 않은 전승에서 언급하였습니다. 우리는 「4공가행」에서 각자 비교적 익숙하거나 쉽게 마음에 들어오는 방법을 골라 수행할 수 있습니다. 내용을 익숙하게 수행한 후 이어지는 예비 수행 역시 비교적 노력하기 쉽습니다. 그러므로 반드시 억지로 순서에 따라 명상 수행해야 하는 것은 아닙니다. 각자 노력하기 쉽고 마음에 들어오는 방법을 골라 먼저 할 수 있습니다. 그러한 후에 다시 다음 수행을 선택합니다.

두 번째 문장, "자격을 갖춘 스승으로부터 관정과 가르침을 잘 받은 후에"는 어제 관정에서 언급하였습니다. 마하무드라의 공통적이지 않은 4가행은 진언승眞言乘 혹은 밀승에 속한 수행 방법입니다. 그러므로 자격을 갖춘 스승이 주는 관정과 구전에 의지해야만 합니다. 더욱이 **진언승의 수행은 스스로 듣고 사유하고 수행하는 것을 통해서일 뿐만이 아닙니다. 자격을 갖추지 않은 스승의 가피는 온갖 종류의 느낌과 체득이 마음속에서 일어나게 할 수 없습니다.** 그러므로 우리는 자격을 갖춘 스승의 가피를 필요로 합니다. 그렇다면 '스승의 가피'의 의미는 무엇인가? 마음대로 한 스승에게 의지하면 되는 것이 결코 아닙니다. 법의 가르침·딴뜨라 경전과 부처님 교전행지敎典行持의 전승을 갖춘 스승에게 의지해야만 합니다. 앞에서 언급한 승낙금강勝樂金剛(차크라삼바라)·금강해모의 관정, 그리고 여러 종류의 가르침은 우리가 앞으로 배워야만 하는 것입니다. 단, 많은 구결과 가르침은 결코 스스로 책을 좀 보면 이해할 수 있는 것이 아니고 스승이 직접 주는 구전과 가르침입니다. 그러므로 우리는 자격을 갖춘 스승 앞에서 직접 이러한 관정과 구전들을 받아야 합니다.

이어서 「마하무드라의 불공가행」 염송 수행을 소개하려고 합니다.

1.귀의 오체투지

우선, 모든 행위가 법에 맞게 되는 귀의와 발보리심은 좌복에 앉아 수행할 때와 좌복에서 일어나 쉴 때, 둘로 나뉜다. 첫 번째, 좌복에 앉아 수행할 때에는 세간과 기타 희론의 모든 행위들을 끊어야 한다. 편안한 방석에 앉아 몸을 반듯하게 한다.

여기에서는 특히 "좌복에 앉아 수행할 때에는 세간과 기타 희론의 모든 행위들을 끊어야 한다"는 이 문장을 말하려고 합니다. 나 자신을 예로 들자면, 최근 기원 법회를 준비하기 위하여 신경을 매우 많이 썼습니다. 많은 일들로 정말 바빠서 두통이 올 정도였습니다. 그러나 나는 관정을 주거나 설법을 해야 할 때, 고요하게 안으로 나 자신의 사고를 섭수하고 정리합니다. 이때 이렇게 많은 일들에 신경 쓰고 있다는 것을 볼 수 있습니다. 심지어 자신의 마음에 도거가 있고, 외부로 향해 산란해 있고, 망상이 많다는 것 등을 느낍니다. 이처럼 바쁜 상황 속에서 나는 내 마음이 명상에 있어서나 혹은 마음을 고요하고 평정 상태를 유지하는데 있어서나 그다지 분명하지 않다는 것을 발견합니다. 그러므로 나는 여러분이 매일 일 하면서 걱정하고 심지어 두통에 시달리는 것을 알고 느낄 수 있습니다. 이러한 상황에서 그래도 시간을 내어 즉시 안정시키고 수행해야 합니다. 나는 정말 이것이 확실히 쉽지 않다는 것을 느낍니다.

때문에 수행에 들어가기 전에, 우리는 먼저 편안하게 해야 합니다. 이 것은 몸과 마음의 편안함을 가리킵니다. 이 편안함을 엄숙한 불법 숙제로 만들고 싶어 할 필요는 없습니다. 단지 단순하게 편안하면 됩니다. 편안해진 후에야 수행에 들어갑니다. 수행 시간 역시 길게 할 필요는 없습니다. 짧은 시간의 수행일 뿐이라도 자신이 명상한 내용이 더욱 분명하고, 뿐만 아니라 마음이 충분이 안정된 것을 발견할 수 있습니다. 좀 더 보충하자면, 각자 편안해질 때 노래를 좀 부를 수도 혹은 음악을 좀 들을 수도 있습니다. 그러한 뒤에 수행에 들어가기 시작합니다. 이것이 좋을 수도 있습니다.

그 다음에 "편안한 방석에 앉아…"를 말하겠습니다. 무엇이 편안한 방석인가? 이 선 수행에 있어서의 편안한 방석을 말하자면, 과거에는 일정한 표준이 있었습니다. 그러나 지금은 아마도 이러한 표준적인 선 수행 방석을 찾기가 쉽지 않을 것입니다. 그러므로 각자 편안하다고 느끼는 방석을 찾을 수 있으면 됩니다.

참선 수행의 몸자세

그 다음, "몸을 반듯하게 한다"를 말하겠습니다. 이것은 중요합니다. 우리가 수행을 시작할 때, 가장 중요한 것은 두 가지입니다. 첫째는 마음에 의지하여 수행하는 것이고, 둘째는 몸에 의지하여 수행하는 것입니다.

두 번째 요점은 몸 수행을 통한 힘입니다. 우리의 마음이 안정을 찾는데 도움을 줍니다, 초심자 입장에서 말하자면, 우선 몸에 의지해야 합니다. 즉, 이른바 몸을 반듯하게 하는 것은 우리의 마음을 안정시키는데 도움을 줍니다. 이것은 비교적 쉽습니다. 그러므로 시작할 때 여러분 각자의 몸 자세가 중요합니다.

1. 두 발은 금강 가부좌를 한다

몸의 자세는 다리부터 시작합니다. 우선 금강 가부좌인 결가부좌입니다. 반가부좌도 괜찮은데, 오른발을 왼쪽 넓적다리 위에 놓습니다. 반드시 이렇게 반가부좌를 하지 않아도 됩니다. 평상시대로 평좌를 해도 괜찮습니다. 이 정도가 가장 좋습니다. 더 자세히 말한다면 너무 쉽게 돼버릴 것입니다.

2. 손은 선정인을 한다

이어서 손은 선정인을 합니다. 오른손 바닥을 왼손 바닥 위에 놓고 두 손의 엄지 끝을 서로 마주 붙입니다.

3. 척추는 편안하고 곧게 한다

이어서 척추 부분입니다. 우리의 척추는 지나치게 휘어서는 안 됩니다. 너무 휘어 낙타 등이 되면 혼침을 불러 자고 싶어질 것입니다. 너무 곧추 세우게 되면 체내의 기가 위로 올라가게 되므로 이 역시 좋지 않습니다. 그러므로 우리는 너무 휘게 해서도 안 되고 너무 곧게 해서도 안 됩니다. 적당히 해야 합니다. 이른바 적당하게 한다는 것은 편안히 곧게 하는 것입니다. 그러나 척추 아랫부분은 자연스럽게 좀 휘어 안으로 수렴되면 됩니다.

4. 턱은 약간 목쪽으로 당긴다

이어서 목 부분입니다. 턱을 위로 치켜세우면 안 됩니다. 그렇다고 너무 안으로 당기면 호흡 곤란을 부를 것입니다. 그러므로 조금 안으로 거두어들이면 됩니다.

5. 두 어깨는 평평하게 하고 겨드랑이는 약간 공간을 둔다

이어서 어깨 부분입니다. 평형을 이루어 편안하면 됩니다. 두 팔과 겨드랑이 사이는 조금 벌려 몸과 약간의 거리가 있어야 합니다. 겨드랑이 아래, 이 부위에 혼침의 혈도가 있기 때문입니다. 만약 팔을 조금 벌려 겨드랑이 아래로 바람이 통할 수 있다면 혼침에 빠지지 않는데 도움이 됩니다.

6. 두 눈은 자연스럽게 앞쪽을 바라본다

이어서 시선입니다. 우리의 눈빛은 자연스럽게 앞쪽을 봅니다. 그러나 의도적으로 너무 멀리 보아서도 너무 가깝게 보아서도 안 됩니다. 자연스럽게 앞쪽을 바라보면 됩니다.

▌귀의처 관상

귀의처 관상의 본문으로 들어갑니다.

자기 앞 허공에 스승 지금강불이 계시는데
뜻과 가피를 전하고 법연 있고 믿음을 주는 스승들이 에워싸고 있습니다.
그 앞쪽엔 본존, 오른쪽엔 부처님, 뒤쪽엔 정법,
왼쪽엔 승가 대중이 계시는데

각자 자신의 무리를 이룬 권속들이 바다처럼 에워싸고 있습니다. 귀의 성중들이 내려다보는 아래쪽에 어머니와 같은 일체 중생들도 앉아서 마음을 한결같이 집중하여 귀의하고 보리심을 일으킵니다.

첫 번째 문장 **"자기 앞 허공에 스승 지금강불이 계시는데"는, 자기 앞쪽 허공에 계시다고 관상합니다.** 우리는 눈을 위로 들거나, 아래를 볼 필요가 없습니다. 우리 앞쪽을 봅니다. 바로 미간의 정면이면 됩니다. 오른쪽으로도 왼쪽으로 치우치지 않습니다. **바로 우리 양미간의 앞쪽 높이에 계십니다.**

귀의처와 우리의 거리는 어느 정도인가? 우리가 서서 오체투지를 하려고 할 때, 앞쪽에 우리 몸의 그림자가 나타날 것입니다. 대략 자기 그림자의 길이 정도 떨어진 곳에 귀의처를 관상하면 됩니다.

이어서 먼저 귀의처 중간에 사자가 진귀한 보좌 하나를 받들고 있는 것을 관상합니다. 사자로 말하자면, 여러 다른 관상 방식이 있습니다. 4마리 사자는 '사무외四無畏'[3]를 나타내고, 8마리 사자는 '팔자재八自在'[4]의 공덕 등을 나타낸다고 관상합니다. 이것이 숫자에 포함된 의미입니다. 이 사자들은 생기 없는 그림 같은 사자가 아니라, 활발하게 살아있는 듯한 사자입니다. 발톱은 날카롭고 등의 털은 곧추서서, 비할 데 없이 용맹스럽고, 꼬리는 구부러져 있고 두 눈은 둥글게 뜨고 있습니다. 요컨대, **우리가 관상해**

---

3 사무외: 정등각무외正等覺無畏·누영진무외漏永盡無畏·설장법무외說障法無畏·설출도무외說出道無畏.

4 팔자재: 법신이 구족하고 있는 8가지 자재, 8가지 신통.

야 하는 사자는 생동감 있고 매우 용맹한 사자입니다. 각자가 평상시 본 사자의 모습 혹은 티벳의 눈사자를 관상할 수 있습니다. 어쨌든 진정으로 눈사자를 본 사람은 없습니다. 그림에서의 모습일 뿐입니다. 총괄하면, 우리는 사자가 나타내는 본질과 특성을 알아야 합니다. 4마리 사자는 사무외를 나타내고, 8마리 사자는 팔자재 공덕을 나타냅니다.

줄곧 사자, 사자를 말하니 나도 사자가 될 것 같습니다.(대중 웃는다)

그리고 사자의 등에 받들어져 있는 것은 보좌입니다. 이 보좌는 정방형입니다. 이어서 보좌의 크기를 말하겠습니다. 만약 관상이 너무 작으면, 아마도 분별심·망상으로 걱정할 것입니다. '아! 불보살님이 저렇게 많은데, 다 배치할 수 없겠는 걸….' 그러므로 너무 작아서는 안 됩니다. 우리는 생각할 것입니다. '그러면 아주 크게 관상하지.' 그러나 너무 크면 전체를 관상할 수 없습니다. 심지어 어떻게 관상해야 할지 모릅니다. 아무리 생각해도 생각해낼 수 없는 상황이 생길 수 있습니다. 그렇다면 정방형의 보좌 크기를 어떻게 관상해야만 할까? 보좌는 정방형이고 전체를 분명하게 볼 수 있습니다. 그것은 결코 작지 않습니다. 확실히 끝없이 큽니다. 예를 들면, 마치 우리가 지금 이 사원에서 보드가야 대탑을 본다면, 여기에서 볼 때 대탑의 크기는 여러분 손 안에 놓을 수 있는 크기이지만, 멀리서 볼 때는 매우 분명합니다. 그러나 여러분이 정말 그 안으로 걸어갔을 때, 그것은 확실히 매우매우 큽니다. 마치 먼 곳에서 대탑을 보는 것과 같습니다. 볼 때, 보좌는 매우 분명하고 정말 아주 큽니다. 이렇게 정방형의 보좌를 관상해야 합니다.

이어서 이 진귀한 보좌를 말하겠습니다. 보좌 위에는 많은 보석 장엄들이 있습니다. 이 보석들은 우리의 복덕 자량과 지혜 자량의 원만함과 무량함을 상징합니다. 각자 마음대로 각종 보석의 형식을 관상할 수 있습니다. 이 커다란 보좌 위, 정중앙에 또 하나의 조금 작은 보좌가 있습니다. 마찬가지로 역시 사자가 받치고 있는 보좌입니다. 이 좀 작은 보좌 위에는 연꽃이 있습니다. 그것은 출리와 윤회의 허물을 상징합니다. 연꽃 위에 세속 보리심과 승의 보리심 혹은 방편과 지혜를 나타내는 해와 달이 있습니다. 즉 일륜과 월륜입니다. 일륜과 월륜 위에 바로 스승 지금강불이 있습니다.

여기에서 스승 지금강불을 관상해야 하는데, 그의 모습은 어떠하고, 누구인가? 혹은 우리가 어떻게 관상해야 하는가? 예를 들면, 겔룩파에서는 스승을 공양하는 의궤 수행을 매우 중시합니다. 그들 역시 스승을 공양하는 의궤를 수행할 때, 귀의처를 관상합니다. 가운데 주존은 네 가지 특수한 성질의 모습을 갖추고 있어야 합니다. 첫째, 이 주존은 우리의 은혜로운 근본 스승입니다. 둘째, 동시에 또한 쫑카파 대사입니다. 셋째, 세존 석가모니불입니다. 넷째, 밀승의 입장에서 보자면, 금강총지 혹은 지금강불입니다.

까규파의 수행에서는 근본 스승을 가장 중시합니다. 때문에 우리는 주존이 바로 자신의 근본 스승이라고 관상할 수 있습니다. 이것은 여법한 것입니다. 뿐만 아니라 매우 중요합니다. 우리가 가피를 빠르고 쉽게 얻도록 도울 수 있으며, 많은 이익이 있습니다. 이것은 수행자의 개별적인 수행 상황을 가리킵니다.

그러나 만약 전체 불교 혹은 전체 까규의 관점에서 말한다면, 몇 가지 특수한 조건을 갖추어야 합니다. 까르마 깜창(까르마 까규)의 전승에서, 전체 깜창 까규는 제1대 법왕 뒤숨 켄빠로부터 까르마빠의 전승이 시작되었습니다. 이분이 깜창 까규의 가장 중요한 조사입니다. 그러므로 까르마빠, 이 이름의 주인이 바로 깜창 까규의 교주이고, 전체 교법이 나온 원천입니다. 제자들 입장에서 말하자면, 까르마빠는 마치 우리의 아버지와 같고, 나라의 국부와 같고, 한 교파의 교주입니다. 까르마빠는 깜창 까규의 아버지입니다. 우리는 이것을 사유하고 인식해야만 합니다. 만약 우리가 이처럼 중시하지 않는다면, 아마도 조화를 이루지 못하는 문제를 초래할 수 있습니다. 일부 중국인 제자들은 '나의 스승'이라고 말하는 것을 아주 좋아하고, '나의 스승'에 아주 집착하여 다른 스승을 상관하지 않거나 존중하지 않기 때문입니다. 이것은 좋지 않습니다.

그러므로 여기에서, 우리는 스승 지금강불이 지닌 네 가지 특성의 모습을 관상해야 합니다. 첫째, 그는 우리의 근본 스승·은혜로운 은사입니다. 둘째, 까르마빠입니다. 셋째, 석가모니불입니다. 이것이 중요합니다. 석가모니불은 우리 불교의 교주입니다. 만약 석가모니불조차 존경하지 않는다면, 근본적으로 자신이 불교도라고 말할 필요도 없습니다. 넷째, 밀승의 관점에서 말하면, 밀승의 교주는 금강총지 혹은 지금강불입니다. 그러므로 우리가 이 부분을 관상할 때에는 이 네 가지 특성이 있어야 합니다. 만약 이 네 가지 요점이 모두 갖추어지면, 전체 불교계·깜창 까규 교법의 전승에도 좋고, 각자의 수행에도 좋으며 이익과 도움이 있을 것이라고 말할 수 있습니다. 단, 여기에서 강조하는 것은 까르마빠를 존경해야 한다는 것이지, 결코 나 자신이 이 까르마빠의 명칭을 갖고 있으니 나를 존중해야 한다는 것이 아닙니다. 이상 4가지 심층적인 의미가 있음을 이해해 주시기 바랍니다.

이어서 말하겠습니다. "뜻과 가피를 전하고 법연 있고 믿음을 주는 스승들이 에워싸고 있습니다." 또한 지금강불의 주위·앞뒤 좌우에 모두 스승들이 에워싸고 있다는 것입니다. "뜻과 가피를 전하고", 깜창 까규에서 "뜻을 전한다"가 가리키는 것은 깨달음의 전승 혹은 이른바 수행의 전승입니다. 또 가피를 전하는 스승들은 개인 각자의 다른 스승들로 그들도 모두 주위에 있습니다. "법연"은 우리 각자와 법의 인연을 이어준 스승들을 가리킵니다. "믿음을 주는"은 우리가 믿고 우러르는 스승들로, 모두 주위를 에워싸고 있다는 것입니다.

스승 지금강불 앞쪽에 본존이 있습니다. 본존은 개인이 의지하는 본존일 수 있습니다. 그러나 여기에서는 금강해모로 관상할 수 있는데, 가장 중요한 본존입니다. 오른쪽은 부처님, 뒤쪽은 정법입니다. 여기서는 교리와 실수행법을 가리킵니다. 동시에 도제와 멸제라고 말할 수도 있습니다. 여기서 '법'의 대표적인 모습은 경전의 모양입니다. 왼쪽은 승가대중입니다. 초지 이상에 오른 보살 대중들입니다. "각자 자신의 무리를 이룬 권속들이 바다처럼 에워싸고 있습니다." 각자 자신의 무리를 이루었다는 것은 부처님을 예로 들자면, 주존이 부처님이고 주위에 부처님의 권속들이 있고, 본존은 본존의 권속들이 에워싸고 있는 등입니다. 주존의 다름에 따라 무리를 이룬 권속들이 바다처럼 에워싸고 있습니다.

"귀의 성중들이 내려다보는 아래쪽에 어머니와 같은 일체 중생들도 앉아서", 우리는 모든 불보살님들의 시선 범위 안에 자신을 위주로 어머니와 같은 일체 중생이 앉아 있다고 관상합니다. 여기서 '중생'은 육도의 일체 중생입니다. 천인·사람·축생 등등 각종 중생입니다. **이 '중생'들 관상에는 두 가지 방식이 있는데,** 그들이 두 모습으로 나타나는 것입니다. **하나는 육도 중생, 그들 각자의 모습입니다.** 예를 들면, 천인 혹은 축생의 모습 등등 입니다. 이처럼 우리는 비교적 쉽게 각 세계 중생 각자의 고통과 느낌을 관상합니다. **또 다른 관상은 일체 중생이 모두 사람입니다.** 이러한 관상은 중생 모두가 가만暇滿한 사람 몸으로 다시 태어날 수 있는 복연이 있음을 나타냅니다. 어쨌든 간에, 이 두 가지 관상 모두 됩니다. 이상 중생의 관상이었습니다.

방금 자신이 이 중생들 가운데 있다고 말하였습니다. 이와 관련하여 또 다른 특별한 관상이 있습니다. 자신의 오른쪽은 아버지, 왼쪽은 어머니, 앞쪽은 모든 적, 뒤쪽은 기타 중생이라고 관상합니다. 역시 미세한 설법이 있습니다. 그러나 여기에서의 요점은 자신이 이 일체 중생의 중간에 있다는 것입니다. 중간의 뜻은 결코 모두 함께 모여 있어서 아무것도 볼 수 없다는 것이 아닙니다. 높은 산에 서 있는 것처럼 전경을 내려다 볼 수 있고, 분명하게 중생 하나 하나를 볼 수 있으며, 또한 분명하게 귀의처를 볼 수 있습니다. 또한 볼 수 없기 때문에, 자신이 절할 때, 뒤쪽 사람이 절을 따라 했는지 안했는지 걱정할 것입니다. 이러한 망상이 일어나 늘 걱정이 많을 수 있습니다. 그러므로 여기서의 요점은 **자신이 높은 곳에 있어서 충분히 전경을 내려다 볼 수 있**

다는 것입니다. 이것이 중요합니다. **그 이후, 우리가 대중을 데리고 함께 귀의 발보리심을 염송해야** 하기 때문에, 여러분이 모두를 볼 수 있을 때, 비교적 안심할 것입니다.

관상할 때에 또다른 문제를 만날 수 있습니다. 자신이 수행할 때, 이 작은 공간에 있으니 걱정할 수 있습니다. '아! 이렇게 작은 방에서 이렇게 많은 유정 중생을 관상하려니 다 배치할 수 없겠는 걸.' 지금 법문을 듣는 법당은 커서 아마 괜찮을 것입니다. 만약 각자 자기의 작은 방에서 수행한다면 걱정할 수 있습니다. 저렇게 많은 사람들을 관상하려니 너무 비좁아서 조심하지 않으면 오른쪽, 왼쪽 사람과 부딪친다는 등등의 생각입니다. 왜 우리는 이러한 망상과 걱정이 있는가? 왜냐하면 우리는 평상시 5근五根을 너무 사용하고 너무 믿고 의지해서 외경外境을 인식하기 때문입니다. 때문에 우리는 마음속으로 생각하는 것이라면 외경 역시 반드시 그러해야 한다고 여길 것입니다. 사실 우리 마음속 생각이 반드시 외경과 완전히 일치하는 것은 아닙니다. 예를 들면, 때로 수행할 때 마음속으로 많은 중생을 관상했는데, 아주 잘했습니다. 그러나 눈을 떠 5근의 제한을 받았을 때, 아마도 이곳에 다 앉을 수 없고 그렇게 많은 사람에겐 너무 비좁다고 느낄 수 있습니다. 이러한 생각이 있을 수 있는 것은 눈·귀·코·혀·몸 등 5근의 작용 때문입니다. 범위와 제한이 있습니다. 범위와 제한이 있기 때문에 우리는 5근의 외경에 대한 제한을 받아 안배할 수 없다고 느껴 걱정할 것입니다. 관상할 때, 외부 환경의 크기에 제한을 받을 필요가 없습니다. 예로 들면 담장과 기둥에 제한을 받으면 우리 수행은 엉망진창이 될 수 있습니다. 그러므로 우리는 5근에 제한받는 것을 걱정할 필요가 없습니다. 편안하게 관상할 뿐입니다. 예를 들면, 우리가 꿈을 꿀 때와 같습니다. 꿈속에서는 작은 방일지라도 모든 사람을 배치할 수 있어, 그 안에 있을 수 있습니다. 그러므로 여기에서 일체 중생을 관상할 때, 우리는 자기의 마음을 믿고 의지해야 합니다. 마음을 위주로 관상하면 비교적 쉬울 것입니다.

오늘 법문은 여기까지입니다. 귀의는 내일 하겠습니다. 사실, 여러분들은 어제 관정을 받을 때, 귀의 발심 염송을 따라하였으니 이미 다 한 것입니다.

▌참회문

제가 예전에 지은 모든 악업은
시작도 없던 과거로부터 탐진치로 말미암아
몸·말·마음을 따라 지은 것이오니
이 모든 것 제가 이제 참회합니다.

▌『월장경』 길상문

『월장경』에 있는 불법이 흥성하기를 바라는 말씀.

중생을 위하여 제가 과거에 고행을 하고 저의 안락을 돌아보지 않았으니
불법이 오랫동안 흥성하게 하소서.
제가 과거에 병자를 위하여 저의 삶을 다 바쳐 비참한 중생을 구원하였으니

오랫동안 불법이 흥성하게 하소서.

아들과 딸, 아내, 재물, 코끼리, 수레, 보석 등 보리를 위하여 바치었으니

불법이 오랫동안 흥성하게 하소서.

제가 부처님, 독각과 성문, 부모와 수행자들에게 공양을 올리었으니

불법이 오랫동안 흥성하게 하소서.

수천만 겁 동안 제가 갖가지 고통을 겪으면서도 보리를 위해

법을 들으려 노력하였으니 불법이 오랫동안 흥성하게 하소서.

제가 금욕, 지계와 고행을 오랫동안 하고서 시방 부처님을 친견하였으니

불법이 오랫동안 흥성하게 하소서.

제가 과거에 정진과 함께 항상 견고하게 하고 상대를 조복시켜

일체 중생을 해탈시키려 하였으니 불법이 오랫동안 흥성하게 하소서.

인욕에 항상 머무르고 번뇌 습에 물든 중생의 악행을 용서하였으니

불법이 오랫동안 머무르게 하소서.

선정·해탈·무색無色과 삼매를 갠지스 강 모래 수만큼 수행하였으니

그 힘으로 불법이 오랫동안 흥성하게 하소서.

지혜를 위하여 제가 과거 적정처 고행숲들에 의지하였고

많은 논서를 가르쳤으니 불법이 오랫동안 흥성하게 하소서.

어여삐 여기는 인因으로써 살과 피와 삶을 완전히 베풀고

사지를 보시하였으니 법의 이치가 매우 흥성하게 하소서.

제가 이미 죄업 중생들을 사랑으로 밝게 성숙시키고

삼승으로 인도하였으니 법의 보시가 발전하게 하소서.

제가 이미 방편을 알아서 중생을 사견에서 벗어나 정견으로 인도하였으니

법이 매우 흥성하게 하소서.

제가 중생을 사섭법으로 번뇌의 불에서 벗어나게 하고
치성한 죄악을 무찔렀으니 제가 윤회계에 오랫동안 머무르게 하소서.
제가 다른 외도들을 사견의 강에서 건져내고 정견으로 인도하였으니
제가 윤회계를 항상 공경하게 하소서.

회향

(존자님께서 대중을 데리고 삼배하신다)

세 가지 장애의 모든 번뇌를 소멸시키길 바랍니다.
지혜가 참되고 밝아지기를 바랍니다.
죄업과 장애가 모두 소멸되어
세세생생 항상 보살도를 행하길 바랍니다.

둘째 날 수업

시간: 2006년 12월 24일

나무 향운개 보살 마하살 (3번)
대중이 존자님께 3번 절한다.
나무 본사 석가모니불 (3번)
『반야바라밀다심경』
「금강총지 기원문」

중국어법문| 오늘 설명해야 하는 것은 귀의입니다. 간단하게 말하면, 귀의에는 두 부분이 있는데, 바로 '귀'와 '의'입니다.

'귀'는 '가다'는 뜻입니다. 예를 들면, 사형을 선고받은 사람이 갑자기 포청천을 만나면 목숨을 걸고 뛰어가 무릎 꿇고 구원을 청하는 것과 같습니다. '의'의 뜻은? 바로 '의지한다'는 뜻입니다. 그러므로 귀의의 뜻은 이 두 글자 안에 모두 있습니다.

티벳어법문 | 어제 강의한 단락을 이어서 합니다 — "마음을 한결같이 집중하여 귀의하고 보리심을 일으킵니다.", "저와 일체 중생은 스승께 귀의합니다. 본존께 귀의합니다. 부처님께 귀의합니다. 정법에 귀의합니다. 승가에 귀의합니다.", "5보寶 귀의를 할 수 있는 만큼 한다. 관상을 유지하면서 발보리심을 한다."

여기에서는 5보를 언급합니다. 평상시에는 출세간의 지혜 호법을 더해 6보가 있다고 말할 수 있습니다. 그러나 여기에서 우리가 의거한 원전에는 5보만 언급했을 뿐, 지혜 호법을 말하지 않았습니다. 그러므로 내가 쓴 내용에서는 5보만 말할 뿐이고 지혜 호법을 특별히 귀의복전의 대상에 넣지 않았습니다.

왜 없는가? 이른바 지혜 호법은 승의제의 관점에서 말하자면, 귀의처가 되어 의지할 수 있습니다. 그러나 형상과 의지하는 방식의 입장에서 말하면, 호법은 불교를 보호하거나 수행자를 지키는 형상을 갖추었을지라도 결코 귀의처는 아닙니다. 예를 들어, 어떤 스승들의 의식집에는 귀의 복전 대상을 관상할 때, 호법이 지키는 형상만을 갖추었을 뿐이고 귀의 복전 대상에 넣지 않습니다. 이러한 원인으로 이 법본에는 호법의 관상을 언급하지 않았습니다.

중국어 법문 | 여기 귀의처에는 이른바 5보가 있습니다. 바로 스승보·본존보·불보·정법보·승가보입니다. 어떤 경우에는 귀의처에 원시 지혜·출세간의 호법이 있습니다. 그러나 여기에서는 다만 5보가 있을 뿐입니다. 귀의처에 출세간 호법을 말하지 않았습니다.

티벳어법문 | 이는 의거한 원문에 없기 때문입니다.

중국어법문 | 예를 들자면, 건륭 황제와 같습니다. 청나라 건륭 황제를 여러분 모두 아시죠? (모두 웃는다.) 청나라 건륭 황제는 세 차례 강남을 주유하였습니다. 그때, 수행자 역시 그가 황제인 것을 모르는 척해야 합니다. 또 그를 셋째 나리·넷째 나리·다섯째 나리라고 불러야 합니다. 이렇게 해야 황제의 칭찬을 얻을 수 있습니다. 만약 그들이 직접 소리쳐, "황제께서 도착하셨습니다"라고 한다면, 그때 황제는 아마도 아무 말도 하지 않겠지만 베이징으로 돌아온 후, 이 사람은 참형될 것입니다.

이 예와 같습니다. 호법 대중이 비록 출세간의 성존聖尊이지만, 어떤 필요 때문에 명령을 듣고 일을 행하는 호법으로 나타납니다. 그러므로 우리는 때로 귀의처에 반드시 있는 것은 아니지만, 호법 성중을 관상합니다. 여기에서는 호법 성중을 말하지 않았습니다.

티벳어 법문 | 비록 호법이 귀의 복전 대상에 있지 않더라도 여전히 호법 성중이 귀의 복전 대상의 바깥부분을 에워싸고 있다고 관상할 수 있습니다.

이어서 귀의를 설명하려고 합니다. 일부 법우들이 오늘 귀의를 청하였습니다. 관계가 있기 때문에 간략하게 해설을 하겠습니다.

귀의의 이익

중국어법문 | 우선, **귀의의 원인에는 두 가지가 있습니다. 두려움과 믿음입니다.** 행고行苦 등을 두려워하기 때문에 의지할 대상을 찾으려고 합니다. 삼보

가 구해서 지켜줄 수 있는 역량이 있음을 이해하기 때문에 귀의의 생각이 일어납니다. 그러므로 귀의하고자 하는 사람은 반드시 이 두 가지 귀의의 인因을 갖추고 있어야 합니다. 두려움과 믿음은 매우 중요합니다.

티벳어법문 | 이른바 두려움의 인因으로부터 우리가 귀의의 마음을 일으키는 것을 돕습니다. 귀의의 진정한 인은 믿음입니다. 두려움이 있기 때문에 귀의하고 싶어 하지만 사실 결코 표준적인 인은 아닙니다.

중국어법문 | 그러므로 귀의의 인으로 두려움을 말할지라도 귀의의 대상을 찾을 때에는 두려워하는 마음이 있어야 합니다. 진정한 귀의의 인은 바로 믿음입니다. 믿음이 있어야 진정으로 삼보에 의지할 수 있습니다. 두려움은 잠시의 인이고 믿음은 영원한 귀의의 인입니다.

티벳어법문 | 이어서, 귀의의 대상을 설명할 것입니다. 바로 불·법·승 삼보입니다.

불보에 대한 귀의는 부처님을 지도자로 깊이 생각하고 귀의하는 것입니다. 어떻게 부처님께 귀의하는가? 마음속으로 생각합니다. '부처님은 지도자이니 그를 의지한다.'

법보에 대한 귀의는 불법이 우리를 큰 악과 공포로부터 벗어나도록 구원하는 구원의 별임을 깊이 생각하고 귀의하는 것입니다.

마찬가지로, **승보에 대한 귀의는 승가가 법도를 이루는 반려자임을 생각하고 귀의하는 것입니다.**

그러나 설령 우리가 불보에 귀의했고, 법보가 공포에서 벗어나게 하는 방법임을 진정으로 알았다 해도 실제로 수행하지 않는다면, 여전히 해탈할 수 없습니다.

만약 법보에 의지했고, 또 수행을 시작하려고 하지만 정확한 승가 혹은 도반·선지식·법우라고 부를 만한 사람이 옆에 없다면, 일단 시작한다 해도 방법을 몰라 입문할 수가 없습니다. 그러므로 승보에 귀의해야 합니다.

그러므로 우리는 반드시 완전한 삼보에 귀의해야 하고 하나라도 빠져서는 안 됩니다. 이른바 귀의처에는 오직 삼보만 있을 뿐입니다. 완전무결한 삼보입니다. 이것이 우리가 귀의할 때 가장 중요한 부분입니다.

두 번째, 귀의처입니다. 우리는 귀의처에 불·법·승 삼보가 있음을 알아야 합니다.

어떠해야 불보에 귀의한 것인가? 우리는 불보가 지도자라 여기고 귀의해야 합니다. 이것이 부처님께 귀의한 것이고 불보에 귀의한 것입니다.

어떠해야 법보에 귀의한 것인가? 우리는 법보가 고난에서 건져주는 방법임을 인식하고 귀의해야 합니다. 이것이 법보에 귀의한 것입니다.

어떠해야 승보에 귀의한 것인가? 바로 승보가 수행의 반려자·법우라고 여기고 귀의해야 합니다. 이것이 승보에 귀의한 것입니다.

설령 우리가 불보를 지도자라 여기고 귀의했고 법보가 두려움에서 벗어나게 하는 진실한 방법임을 안다고 해도 실제적인 수행이 없다면 여전히 해탈할 수가 없습니다. 그러므로 부질없이 부처님께 귀의하기만 했다고 해서 해탈할 수 없습니다. 반드시 법보에 귀의해야 합니다.

초심자의 입장에서 말하면, 불보와 법보에 의지했다고 해도 도반이 되는 승가가 없다면 근본적으로 입문해서 시작할 방법이 없습니다. 그러므로 이른바, 귀의처에 삼보가 있을 뿐입니다. 아울러 완전무결한 삼보입니다. 이와 같아야만 원만하다 할 수 있습니다. 우리는 반드시 여법하게 행하고 지켜야 합니다.

티벳어법문 | 귀의의 이익은 아주 많습니다. 그중에서 보통사람에게 가장 중요한 이익은 무엇인가? 바로 삼보에 귀의한 후에, 삼보에 의지하여 어떤 일을 하면, 선한 동기를 갖추지 않았다고 해도 인연이 되는 대상이 큰 역량을 갖고 있기 때문에 삼보에 의지한 일체 행위는 성불의 인因이 될 수 있습니다. 그러므로 이것이 매우 중요합니다. 평상시 우리는 선한 동기를 일으키고 싶지만, 많은 경우 결코 쉽지 않습니다. 그러나 스스로 너무 큰 힘을 쏟을 필요는 없습니다, 대상이 주는 힘에 의지하여 선한 동기를 유지할 수 있습니다. 이것은 우리가 더욱 믿음을 갖게 할 것입니다. 나는 그 이익이 아주 크다고 생각합니다.

▌귀의의 학처學處

이어서 귀의의 학처를 설명하려고 합니다. 본래 먼저 귀의를 주고, 그러고 나서 학처를 설명해야 합니다. 그러나 각자 어떻게 해야 하는지를 먼저 안다면 자신에게 맞는지 안 맞는지를 알 수 있고 이렇게 해야 귀의를 필요로 하는지 아닌지를 결정할 수 있습니다.

귀의의 학처는 두 부분으로, 공통적이지 않은 학처와 공통적인 학처로 나눌 수 있습니다.

우선 **공통적이지 않은 학처입니다. 세 가지 피해야 하는 학처(세 가지 해서는 안 되는 일)와 세 가지 해야 하는 학처(세 가지 해야 하는 일)**로 나눕니다.

여기에선 먼저 세 가지 피해야 할 학처입니다. 그러고 나서 해야 할 학처를 말하겠습니다. 왜 그런가? 우리 보통사람 입장에서 말한다면, 먼저 해서는 안 되는 것, 할 수 없는 것, 금지해야 하는 것을 이미 너무 많이 했습니다. 해야만 하는 부분은 또 얼마나 부족합니까. 그래서 먼저 피해야 할 학처를 말합니다.

피해야 할 학처입니다. 부처님께 귀의하고 세간신世間神에 의지하지 않는다. 법에 귀의하고 중생을 해치지 않는다. 승가에 귀의하고 나쁜 친구를 멀리한다.

(앞 단락에서 마이크에 문제가 있었기 때문에 존자님이 모두에게

주의를 일깨웠다.) 상관없습니다. 여러분은 편안히 하십시오. 전에 내가 말한 적이 있습니다. 여기는 새 회의장입니다. 방도 새 것이고 기자재도 새 것입니다. 때문에 늘 문제가 생깁니다. 그러나 이것이 좋지 않습니까? 방금 우리에게 잠시 쉴 기회가 있었습니다.

우선, 부처님께 귀의한 후, 세간신에 의지하지 않는다. 이 말의 가장 중요한 뜻은 무엇인가? 우리의 귀의는 적어도 변화하는 행고를 두려워하는 마음 혹은 미래 윤회의 고통에 떨어질 것을 두려워함을 갖추어야 합니다. 이것은 공포심의 최저 표준입니다. 이외에, 단지 이생의 좌절과 곤란을 두려워해서 삼보에 의지하고 싶어 한다면 결코 표준에 부합하는 귀의가 아닙니다. 그러므로 여기에서 세간신을 언급하였습니다. 우리는 이생에서 잠시의 안락을 얻고 싶어 하기 때문에 세간신에게 의지할 수 있습니다. 그러나 세간신은 자신조차도 마음대로 하지 못합니다. 그들에게 귀의하는 것은 결코 의미가 없습니다. 그러므로 이 말의 가장 주요한 의미는 여기에 있습니다. 귀의한 후에는 경전에서 말한 것처럼, "자신 이외에 달리 의지처가 없다"입니다. 오직 자신이 수행한 힘을 통해서만이 진정으로 구원과 보호를 얻을 수 있습니다. 이것이야말로 요점입니다. 제사를 지내며 복을 구하는 것은 그 다음입니다.

여기에서 고통을 두려워해야 한다고 말하였는데, 나는 여러분이 이해한 것이 무엇인지 모르겠습니다. 여기에서 말한 고통을 두려워한다는 것은 결코 여러분이 고통을 겪어야 한다는 것이 아닙니다. 어떤 사람은 고통을 두려워한다는 것을 인식하고 열심히 찾아 고생을 한 뒤에야 고통을 안다고 할 것입니다. 결코 이러한 것이 아닙니다. 만약 이러하다면, 불법을 배우는 것이 고통스러운 일이 될 것입니다. 무엇이든지 다 고통이라는 것은 결코 이 뜻이 아닙니다. 여기에서 이러한 고통들을 두려워해야 한다는 것은 애써 고통의 느낌을 체험하라는 것이 아니라, 우리가 고통에서 벗어나는 방법을 이해하고 행하여야 한다는 것입니다. 그러므로 우리가 스스로 사서 고생을 하라는 것이 아닙니다.

두 번째, 법에 귀의하고 중생을 해치지 않는다. 이것은 단지 부분적인 설명일 뿐입니다. 중요한 뜻은 이것입니다. **법에 귀의한 후, 우리는 일체 도제와 멸제에서 어긋나는 부분—번뇌와 장애가 이끄는 행위·언어와 사상을 최대한 끊어버려야 하기 때문입니다.** 해치지 않는다는 것은 타인을 해치지 않는다는 것뿐만이 아닙니다. 총체적으로 말하면, 해치는 인因—번뇌가 여전히 존재하면 타인을 해칠 위험이 있습니다. 때문에 우리는 이 인을 없애지 않으면 안 됩니다. 예를 들어, 원자 폭탄 하나를 여러분이 지금 쓰지 않고 놓아두었다고 생각할 수 있습니다. 그러나 그 위험성은 여전히 존재합니다. 우리는 그것이 언제 폭발할지 모릅니다. 마찬가지로 **우리의 원자탄은 바로 마음속의 탐진치 3독 번뇌입니다. 이것은 매우 위험합니다. 그러므로 모든 몸·말·마음의 악행을 제거해야 합니다.**

세 번째, 승가에 귀의하고 나쁜 친구를 멀리한다. 이른바 나쁜 친구는 우리 자신의 가장 미세한 선한 인因을 파괴시키는 사람을 가리킵니다. 이러한 사람을 나쁜 친구라고 부릅니다. 그러므로 우리는 이러한 사람을 반드시 주의해야만 합니다. 그렇지 않으면 아주 많은 문제가 발생하고 나서야 깜짝 놀라 그것이 좋지 않음을 발견하게 됩니다. 당시에는 도대체 자신이 어떻게 작은 부분에서부터 점점 영향을 받아 변했는지에 대해서는 조금도 염두에 두지 않습니다. 때문에 사실상 시작을 보고 그 본질과 이후 상황을 알아야 합니다! 그러므로 우리의 미세한 선한 마음이 일어나는 것에 지장을 주는 사람들에 대해서는 특별히 주의해야 합니다.

이상 피해야 할 학처를 설명하였습니다. 해서는 안되는 것에 대해 알았습니다. 해야만 하는 부분은 시간 관계상 많이 말하지 않겠습니다. 요컨대, 옳은 선법은 해야만 하고 바르지 않은 악법은 말했으니, 해야만 하는 부분에 최선을 다해 하십시오.

무엇이 진정한 '귀의'인가?

이어서 귀의계를 줄 것입니다. 방금 말한 것은 단지 문자·언어상의 소개일 뿐입니다. 이어서 받을 귀의계는 죽은 문자나 언어가 아닙니다. 여기에서의 문자는 아주 뜨끈뜨끈 합니다. 느낌이 있다는 뜻입니다. 그러므로 여러분 각자의 마음속에 느낌이 있어야 합니다. 현재 모두 진심으로 귀의하여 각자 마음속의 지금 그 믿음으로 귀의계를 받는다면 느끼는 바가 있을 것입니다.

1. 부처님께 귀의합니다

우선, 잘 좀 생각해봅시다. 우리가 부처님께 귀의했다고 말하는데 부처님은 어디에 계신가? 만약 부처님이 누구인지 조차 알지 못한다면 어떻게 부처님께 귀의할 수 있겠습니까? 그러므로 우리는 지금 무엇이 부처님인지를 좀 관찰합니다. 불경에서는 **진실한 부처님은 일체 공덕을 갖추고, 일체 죄장을 끊어버린 분**이라고 말합니다. 현실 속에서 우리는 아마도 이러한 공덕이 원만한 사람을 찾을 수 없을 것입니다. 그러나 우리는 앞쪽에 우리와 법연이 있는 스승·선지식 혹은 설법자가 있음을 관상할 수 있습니다. 그들은 부처님을 대표합니다. 우리는 그들을 부처님처럼 보고 이와 같이 귀의합니다.

2. 법에 귀의합니다

그러나 선지식 역시 귀의하는 대상일 뿐입니다. 그는 우리의 번뇌를 대체할 수 없습니다. 진정 번뇌를 항복시킬 수 있는 것은 무엇인가? 법보法寶입니다. **그러므로 이어서, 우리는 좀 생각해 보아야 합니다.** 무엇이 법인가? 법은 광범위합니다. 많은 다른 해석들이 있습니다. 그러나 법의 가장 중요한 뜻은 내가 예전에 항상 말했습니다. **법은 바로 우리 각자가 지금 갖추고 있는 하나의 미세한 선심善心입니다. 믿음·공경심 혹은 자비심일 수 있습니다. 혹은 법은 우리가 어려서부터 몸과 함께 있어온 하나의 선한 마음입니다.** 그러므로 지금, 여러분은 이 점을 잘 기억해주십시오. **우리가 본래 가지고 있는 미세한 선심을 드러내십시오.** 우리는 알아야 합니다. **이 선한 마음이 있어야 일체 불법의 수행이 발전할 수 있습니다.** 그러므로 법에 귀의할 때, 여러분은 이렇게 생각해야 합니다.

앞서, 내가 시킴 미릭Mirik 사원에서 말한 적이 있습니다. 여기에서 다시 거듭 말하고자 합니다. 나를 예로 들자면, 나는 4,5세 때, 아주 선명한 기억이 있습니다. 당시 유목 지구에서는 유목민이기 때문에 늘 살생을 하였습니다. 한 번은 유목민이 살생하는 것을 본 기억이 있습니다. 그때, 자비심 내지 연민심이라 할 수 있는, 매우 강렬한 자비의 느낌이 일어났습니다. 이것이 나의 4,5세 때의 기억입니다. 지금까지 줄곧 이어져 나는 20살이 되었습니다. 이렇게 긴 시간 동안, 나는 많은 불교 전적을 읽었습니다. 때론 수행도 하고 있습니다. 그러나 지금까지도 어렸을 적 그 자비심보다 더 좋고, 더 깊은 느낌은 없습니다.

의미는, **망상이 만들어서 이룬 수천수백 가지 수행보다 자연적이고, 본래 있는 공덕이 더욱 수승하다는 것입니다.** 그러므로 **우리가 본래 갖추고 있는 공덕인, 그 자애심을 우리들은 아주 귀하게 여기고, 아울러 불법 속으로 승화시켜야 합니다.** 이것이 매우 좋습니다.

3. 승가에 귀의합니다

이어서 법도를 이룬 도반—승보에 귀의합니다. 이번 과정에 참가한 사람들이 많습니다. 어떤 사람들은 서로서로 법우입니다. 많은 경우 우리는 마음속으로 단지 스승만을 생각하고 주변의 법우를 소홀히 했습니다. 그러므로 지금 법우에 대해 잘 생각해보십시오. 우리는 서로 돌보고 아껴줘야 합니다. 아울러 청정한 서언과 계율이 있어야 합니다. 이렇게 서로 법우를 돌보는 마음으로 승보에 귀의합니다. 요컨대, 이와 같은 생각에 따라 삼보에 귀의합니다.

귀의한 사람들 중에는 티벳인들도 있습니다. 어떤 티벳인들은 아주 편안하게 저쪽에 앉아 생각합니다. '어쨌든 내용은 중국인과 서양 제자들에게 맞춰져 있으니, 상관이 좀 없는 일인 것 같다'라고. 이것은 절대 그렇지 않습니다. 나는 지금 티벳어로 말하고 있습니다. 왜 내가 티벳어로 말하려고 할까요? 어떤 측면에서 말하자면, 여러분들이 듣고 이해하도록 하기 위해서입니다. 그러므로 여러분들도 소홀히 여겨서는 안 됩니다.

중국어법문 | 여러분들 중에 어떤 사람들은 스스로 귀의하려 하고, 어떤 사람들은 많은 사람들의 사진을 들고서 귀의하려고 합니다. 요컨대, 여러분들이 함께 발원하고 귀의하면 됩니다.

티벳어법문 | 이제 따라서 귀의문을 염송하겠습니다. 우선, 티벳어 귀의문을 먼저 염송하고 나서, 다시 중국어 귀의문을 따라 염송합니다. 여러분은 방금 언급한 불·법·승에 대한 생각을 해야 합니다.

쌍게라 꺕쑤치오.(부처님께 귀의합니다)

최라 꺕쑤치오.(법에 귀의합니다)

겐둔라 꺕쑤치오.(승가에 귀의합니다) (3번 염송)

이어서 중국어로 귀의문을 염송합니다.

중국어법문 | **저는 지금부터 부처님께 귀의합니다. 법에 귀의합니다. 승가에 귀의합니다.** (3번 염송)

지금 귀의문을 다 읽었습니다. 우리는 과거에 얻은 귀의계에 지금 귀의계가 더해져서 단단해지고 증장되었다고 생각해야 합니다. 이전에 귀의계를 받은 적이 없으면, 지금 귀의계를 얻었습니다. **이른바 얻었다는 것은 어떤 새로운 물건을 얻었다는 것이 아니라, 책임과 서언의 힘을 얻었다는 것입니다.**

법명을 필요로 하는 사람은 이후 법문 주관 단체에 연락하면 각자에게 줄 것입니다.

지금 나는 원만하게 귀의계를 주었습니다. 여러분 각자에게 나는 기대가 있습니다. 뭐 특별한 것은 아니고 방금 강의한 학처 같은 경우, 여러분이 최선을 다해 수행하고 배우기를 바랍니다. 이것은 일반적인 기대입니다. 그렇다면 내 개인적인 특별한 기대는 무엇일까요? 오늘 귀의계를 준 후에, 나는 결코 여러분에게 많은 정진 수행으로 부처님과 같은 큰 신통을 이루고, 심지어 머리엔 육계, 발엔 법륜이 생기는 등을 기대하지 않을 것입니다. 당연히 여러분이 이렇게 정진한다면 좋습니다. 그러나 나는 여러분에게 강요하지 않을 것입니다. 왜냐하면 나 자신의 육계도 아직 자라지 않았기 때문입니다.

내 생각에 가장 중요한 것은 이것입니다. 세상의 어떤 단체, 모임이든 모두 다 중요합니다. 단체끼리 서로 해친다면, 그것은 온 지구를 파괴하고 망가뜨리기에 충분합니다. 그러나 단체끼리 서로 보살핀다면, 온 지구는 자연스럽게 평화로울 것입니다. 우리는 지금 모두 같이 있고, 나는 또한 귀의계를 주었습니다. 그러므로 **나는 여러분 각자가 세계에 관심을 갖고 보살피는 마음을 일으킬 수 있기를 바랍니다. 책임과 용기가 일어나야 합니다.** 모두의 마음에서 전 세계에 관심을 갖고 보살피라는 것은 그저 마음속으로 생각하는 것뿐만 아니라, 실제 행동으로 우리 주위를 보살피고, 전 세계에 관심을 갖기를 바라는 것입니다. 나는 이러한 기대를 갖고 여러분에게 귀의계를 주었습니다. 그러므로 여러분은 최선을 다해 이타심과 자비심을 배양해야 합니다. 실제 행동은 작은 부분에서부터 시작합니다. 예를 들어, 식구나 친한 사람부터 시작해서, 천천히 우리 사회와 국가로 확대시킵니다. 이것이 바로 내가 귀의계를 전수한 후, 여러분에 대한 나의 부탁과 희망입니다. 최선을 다해 주시기 바랍니다.

▌발보리심

이상 귀의를 원만히 하였습니다. 이어서 발보리심입니다. 며칠 전 관정에서 이미 간략하게 소개했습니다. 사실 발보리심, 이 단어는 아주 좋습니다. 마음을 일으키는 것이지, 결코 입을 연다거나 말을 시작한다는 것이 아닙니다. 뜻은 마음에서 해야 하는 일입니다. 단지 입에서 문자를 좀 읊조릴 뿐인 것이 아닙니다. **각자 마음에서 진정으로 보리심의 보석을 배양할 수 있기를 희망합니다. 실제 우리 모두는 보리심의 종자를 갖추고 있습니다. 새로운 것을 얻는 것이 결코 아닙니다. 원래 있는**

보리심을 훈련하고 발전시키는 것입니다. 그러므로 모두 책임지고 보리심을 잘 관상 수행하십시오.

▌몸·말·마음의 공덕이 모두 충족된 정례頂禮

중국어법문 | 이어서 절·정례와 관련된 부분을 소개하려고 합니다. 귀의 오체투지를 할 때, 정례는 매우 중요합니다. 그러나 많은 사람들이 어떻게 절을 해야 하는지 모릅니다. 동작이 표준에 맞지 않기 때문에 절을 매우 힘들게 하고, 땀이 등에 배입니다. 듣자 하니, 대만은 매우 더워 하루 종일 땀이 난다고 합니다. 이런 날씨에 만약 귀의 오체투지를 한다면 더욱 끔찍할 것입니다.

정례에는 세 가지가 있습니다. 즉, 몸·말·마음 3문의 정례입니다. 첫째, 몸의 정례는 무슨 뜻인가? **합장과 절은 모두 몸의 정례에 속합니다. 찬탄·노래는 말의 정례에 속합니다. 마음속으로 불보살님의 공덕을 생각하고 존경심을 일으키는 것은 마음의 정례입니다.** 그러나 혹 어떤 사람은 생각할 것입니다. '언어로 하는 노래와 믿음은 아마 정례가 아닐 거야!' 몸이 움직여야 정례라고 여깁니다. 그렇지 않습니다. '정례'의 뜻은 바로 '나무'이기 때문입니다. 동시에 '나무'는 산스크리트어로 존경의 뜻이 있습니다. 그러므로 정례에는 몸·말·마음, 세 가지 정례가 있을 수 있습니다.

정례에는 많은 공덕이 있습니다. 말을 해도 해도 다 끝낼 수 없습니다. 여기에서 우선 하나의 이야기를 하겠습니다. 1925년, 상하이에서 어떤 백정이 죽기 전에 불법을 듣고서 부처님께 믿음이 일어나 한 손으로 합장을 하고 바로 죽었습니다. 아홉 달 후, 그의 집 식구들이 똑같은 꿈을 꾸었습니다. 꿈에서 죽은 백정이 말하였습니다. "내일, 이 웃집의 돼지우리에 사람 손을 한 돼지가 태어날 텐데, 바로 나다! 너희들이 나를 구원해야 한다." 다음 날, 정말로 이러한 돼지 한 마리가 태어났습니다. 그래서 식구들은 이 돼지를 절의 방생터에 방생하였습니다. 이것은 아마도 한 손을 합장한 이익일 것입니다. 정말 이상하죠! 한 손이 없었다면 알아볼 수 없었을 것입니다. 그러므로 한 손 합장도 이러한 이익이 있다면, 두 손이라면 날개가 났을 수도 있습니다. 그리고 **한갓 몸의 동작뿐 아니라, 더욱 중요한 것은 동작의 배후에 믿음과 공경심이 있어야 합니다.** 몸의 동작은 때로는 거짓 꾸밈으로 아주 예쁘게 할 수 있습니다. 그러나 가장 중요한 것은 마음입니다. 마음이 청정해야 하고, 몸도 청정해야 합니다. 이 둘이 모두 청정하다면, 큰 공덕이 나타납니다.

이어서 예배의 공덕입니다. 우리는 칠지七支(일곱 부분)가 모두 갖추어진 예배를 할 수 있습니다. 어떻게 하는가? 첫째, **몸·말·마음 3문으로 공경하여 수행하면 바로 '정례'입니다. 이 일이 부처님을 기쁘게 하는 부분은 바로 '공양'입니다. 제불보살이 기뻐하는 힘에 의지하여 죄업과 장애를 청정하게 하는 것이 바로 '참회'입니다. 이에 대해 기쁨을 느끼는 것이 바로 '수희'입니다. 이 인연에 의지하여 제불보살이 "항상 법륜을 굴려주시길", "항상 세간에 머물러주시길" 바랄 것입니다.** 불보살님이 기뻐한다면, 그들은 항상 세간에 머물러, 항상 법륜을 굴려주실 것입니다.

기뻐하지 않는다면, 하지 않을 것입니다(대중이 웃는다). 비록 보살심이 있더라도 공덕이 원만해야 합니다. 공덕이 원만하지 못하고 구족하지 못하다면 방법이 없습니다. 그런 뒤에, 이 일의 일체 선근을 보리에 회향합니다. 바로 '회향'입니다. 그러므로 정례에는 7지공양七支供養이 모여 있습니다. 그러므로 정례는 단지 몸의 동작일 뿐이 아닙니다. 그 뒤에는 아주 큰 이익이 있으니 아주 크고 넓은 법의 문입니다.

▮합장의 방식

이어서 합장의 방식을 말하겠습니다! 여기서 말하는 것은 티벳의 합장 방식입니다. 그러므로 여러분이 마하무드라 예비수행의 오체투지를 할 때, 이 방식을 쓸 수 있습니다. 그러나 보통 여러분이 어떻게 합장해야 하는지는 저도 상관할 수 없습니다(대중이 웃는다). 우선, 합장할 때 손가락은 하나로 합해야 합니다. 그러나 손바닥은 합쳐지게 해서는 안 되고 공간을 좀 남겨야 합니다. 두 엄지손가락은 안으로 넣어야 합니다. 모양은 **합해져 있는 연꽃 같습니다.** 마치 아침에, 보드가야 대탑 바깥의 꽃 장사꾼들이 파는 것과 같습니다(대중 웃는다). 이것들은 무슨 뜻을 나타내는가? 여기에서 **안이 빈 것은 법신을 대표합니다. 삼신 중에서 법신이고 또한 공성입니다. 손의 모양은 색신을 대표합니다. 두 손은 방편과 지혜입니다.** 그러나 이것은 우리가 예불할 때 나타내는 의미이고 다른 때에는 꼭 그렇지 않습니다. 어떤 때 이 두 손은 나쁜 일을 합니다. 그 때는 당연 방편과 지혜가 아닙니다. 아마도 마귀일 것입니다! 하나는 마이고, 하나는 귀(대중 웃는다)로, 마귀로 합쳐졌습니다. 그러나 착한 일을 할 때, 두 손은 방편과 지혜를 나타냅니다. **두 손을 합쳐 방편과 지혜 쌍운을 갖추었습니다. 아직 일어나지 않은 사람은 일어나기를 바라고, 이미 일어난 사람은 굳건해지기를 바라고, 이미 굳건해진 사람은 더욱 증장되기를 바랍니다. 합장이란 이 간단한 동작이 이렇게 좋은 연기緣起를 나타냅니다. 절을 할 때, 우선 미간에 합장하는 것은 바로 부처님 정수리의 육계를 성취하는 인因입니다.** 어떤 때, 밀교에서는 정수리에 놓아야 한다고 말합니다. 그러나 여기에선 미간에 놓는다고 말합니다. 때로 정수리에 놓는 것은 불편하기 때문입니다. 나의 손은 길어서 문제가 없습니다. 그러나 손이 좀 짧은 사람들의 경우에는 머리를 낮추어야 할 것입니다!(대중 웃는다) 그 뒤에, 목에서 합장합니다. (이 부분에서 존자님의 합장 시범은 두 손을 목에 부딪쳐야 할 필요는 없다고 말하신다. 상징적으로 목 부분에 두면 된다고 하신다. 가슴 사이에 놓는 경우에 가슴을 내밀어야 된다고.) 그러므로 **목에 합장을 하여 부처님 목 부분의 공덕, 예를 들어, 흰 소라의 상호 같은 것을 성취할 수 있습니다. 가슴에 합장을 하여 큰 지혜를 성취할 수 있습니다. 동시에 이것들은 모두 3문의 죄업을 청정하게 할 것입니다.** 이해했습니까? (대중이 대답한다: 이해했습니다.)

절을 할 때는 많은 방법이 있습니다. 일반적으로 오체투지는 밀승의 절법에 속합니다. 작은 절은 일반적으로 현교의 절법입니다. 전체 불교의 절법입니다. 그러므로 여러분이 절을 할 때, 오체투지를 해도 되고 작은 절을 해도 됩니다. 이 둘의 중간은 없어야 합니다(대중 웃는다). 만약 다리가 좋지 않아서 무릎을 꿇고서 절한다면 괜찮습니다.

손을 3문에 놓고 나서 절합니다. 나는 현교에서 이러한 절이 있는 것을 본 적이 있습니다. 이전 중국의 전통에서는 이렇게 절을 했을 것입니다. 가장 중요한 것은 우리가 절을 할 때, 반드시 10만 번이어야 하는 것은 아닙니다. 때로 10만 번을 하기 위하여 몸이 반 죽을 정도로 피곤해지고, 심지어 화를 내고, 싫어하고…, 사실 법을 수행하는 모양 같지가 않습니다. 그러므로 우리는 좀 홀가분하게 할 수 있습니다. 천 번, 만 번 모두 괜찮습니다. 그러나 최소한 천 번을 해야 합니다(대중이 박수친다). 그러나 이것은 내가 말한 것입니다. 다른 사람은 이렇게 말하지 않을 것입니다. 실제로 가장 중요한 것은 내가 방금 말한 것처럼, 절할 때의 표준이 무엇인가입니다. 바로 **절할 때, 3문 청정·존경 공경의 모습을 나타낼 수 있습니다. 이것이야말로 절의 표준입니다.** 우리가 도달해야만 하는 것입니다. 그렇지 않으면, 티벳의 어떤 사람은 절할 때, 매우 긴장하고 공포스러운 모습입니다. 3문을 청정히 하고, 공경하는 모습 같지 않습니다. 절의 표준에 도달하는 것이야말로 진정한 오체투지입니다. 그러므로 장차 여러분이 **오체투지를 할 때, 마음속으로 오체투지가 매우 힘들고 번거로운 일이라고 생각해서는 안 됩니다. 이것은 복을 짓고, 마음을 닦는 방법이라고 생각해야 합니다.** 모두 가르침대로 행해야 합니다.

(오늘 과정은 어제처럼 참회문·『월장경』 길상문·회향문으로 맺었다.)

셋째 날 수업

시간: 2006년 12월 25일

나무 향운개 보살 마하살 (3번)

대중이 존자님께 3번 절한다.

나무 본사 석가모니불 (3번)

『반야바라밀다심경』

「금강총지 기원문」

오늘 설명해야 할 부분은 '금강살타'와 '만달라'입니다.

2. 금강살타

죄업과 장애를 깨끗이 제거하는 것을 말하겠습니다. 우리는 네 가지 방법이 있다고 말합니다. 네 가지 힘이라고도 부릅니다. 바로 의지력·대치력·죄를 말하는 힘과 죄를 짓지 않겠다고 맹세하는 힘입니다. 그 중 가장 간단한 방법이 바로 의지력입니다.

왜 가장 간단하다고 말하는가? 우리가 어제 귀의의 이익을 말하면서, 삼보에 귀의한 후의 모든 행위는 선한 동기를 갖추지 않았다 하더라도 의지하는 귀의처의 대비 가피 때문에 모두 성불의 인因이 될 수 있다고 이미 말하였습니다.

이와 같습니다. 우리가 참회 법문을 수행할 때, 비록 자신은 아주 표준적인 동기를 갖추지 않았다 하더라도 귀의처와 제불보살님의 대비 가피에 의지하면, 빠르게 자신의 죄업과 장애를 정화시킬 수 있습니다.

죄업 참회를 말하면, 일반적으로 많은 사람들은 이전에 새 한 마리·말 한 필을 죽인 적이 있는 것을 생각할 것이고, 이전의 이 죄업들을 참회하고 싶어 합니다. 티벳 출푸 사원의 많은 스님들은 육자대명주를 돌에 새길 줄 아는데, 위에 그들이 이전에 죽인 적이 있는 새나 벌레 등을 새깁니다. 그들은 마음속의 이러한 참회를 매우 중시하기 때문입니다. 이것도 좋지만, 더욱 참회해야 하는 것은 무엇인가? 자신의 서언과 희망을 위반한 죄업을 참회해야만 합니다. 왜 중요한가? 예를 들면, 만약 우리가 벌레 한 마리를 밟아 죽였다면, 자신이 당장 아주 큰 타격을 받지 않을 것입니다. 단지 벌레 한 마리를 밟아 죽였기 때문입니다. 비록 업을 지었을지라도 당장 깊은 타격을 느끼지 않을 것입니다. 그러나 서언이나 큰 희망들은 심각하게 우리 인생에 남을 것입니다. 때문에 **만약 우리가 자신의 서언과 희망을 위반했다면, 우리 입장에서는 큰 타격일 것입니다. 이것이 우리에게 끼치는 상해는 매우 깊기 때문입니다.**

그러므로 죄업의 경중 표준은 우리 자신에 대한 상해의 경중에 따라 결정됩니다. 자신에 대한 상해가 무겁다면 죄업 역시 무겁고, 자신에 대한 상해가 가볍다면 상대적으로 죄업도 가볍습니다.

이생으로써 말한다면, 만약 이생에서 우리가 한 적이 있는 승낙이나 큰 희망을 위반했다면, 자신의 인생에서 매우 큰 타격과 상해가 있을 것입니다.

어떤 사람이 조심스럽지 못해 일을 저질렀습니다. 작은 벌레 한 마리를 죽인 것 같은 것입니다. 조심하지 않아 벌레를 밟아 죽이거나 눌러 죽였습니다. 그 자리에서 죽인 사람은 결코 즉시 상해를 받지 않을 것입니다. 혹은 즉시 업과業果·이숙과異熟果를 느끼지 않을 것입니다. 당연히 이것은 확실히 죄과이지만, 자신에겐 결코 즉시 해가 있지 않을 것입니다. 왜 그런가? 조심하지 못해 한 마리 벌레를 죽였기 때문입니다. 갑자기 발생한 일일 뿐, 결코 사전에 심사숙고해서 계획해 저지른 것이 아닙니다. 예를 들어, 평상시 길을 걸을 때도 많은 벌레를 밟아 죽일 수 있지만, 우리는 어떤 아주 큰 느낌은 없을 것입니다. 그러나 우리가 매우 큰 희망과 승낙이 있은 후, 이 승낙한 일을 위반하고 죄를 지었다면, 우리에 대한 상해는 더욱 큽니다. 왜 그런가? 이른바 희망과 승낙은 마음속에 오랫동안 있는 것이기 때문입니다. 때문에 이 승낙을 위반했다면 그 상해는 더욱 클 것입니다. 자신이 작은 벌레들을 실수로 죽인 죄업과 비교한다면, 자신이 계율을 위반한 죄업을 참회하는 것이 더욱 중요합니다. 우리가 계율을 지키려 한다고 맹세하였는데, 계율을 위반한 일을 했다면, 이것은 자신에게 더욱 큰 상해입니다. 때문에 이른바 상해의 크고 작음은 결코 옆 사람이나 부처님께 의지하여 이 죄가 크다거나 작다고 판정하는 것이 아닙니다. 본인이 느끼기에 자기 마음에 대한 상해가 크고 작은가에 따라 정해져야 합니다. 이것은 직접적인 설법입니다. 자신에 대한 상해와 영향이 크면 클수록 죄업이 크다는 것을 알 수 있습니다. 자기 마음에 그다지 큰 영향이나 상해가 없다면 죄업을 지었다 하더라도 아주 무거운 죄업이 아닐 것입니다.

중국어법문 | 우리는 참회할 때, 자신이 무슨 잘못을 했는지 분명하게 알아야 합니다. 이렇게 참회해야 비로소 원만할 것입니다. 그러나 일반적으로 참회할 때, 하나하나 참회할 필요는 없습니다. **중요한 점은 우리가 시작도 없던 때부터 3독으로 인해 지은 죄업을 참회해야만 하는 것입니다.** 만약 먼저 하나하나의 죄업을 알고 난 후에야 참회한다면, 매우 어렵습니다. 어떤 사람들은 자기가 저지른 잘못을 잊을 수 있습니다. 예를

들어, 내가 어렸을 때 무슨 큰 잘못을 저지른 적이 없다 하더라도 아마 작은 잘못들을 저질렀을 것입니다! 그러나 지금은 이미 모두 잊었습니다. 그러므로 중요한 것은 자신이 저지른 잘못을 충분히 알고 나서 잘못을 깨닫고 직접 참회하는 것입니다. 그러나 우리가 일반적으로 참회할 때 세세히 죄업 하나하나를 세어가면서 참회할 필요는 없습니다. 전체적으로 시작도 없던 때부터 지은 3독의 죄업을 참회하는 것이 아주 중요합니다.

▌업을 짓는 세 가지 연緣: 탐욕(탐)·성냄(진)·어리석음(치)

티벳어법문 |

업을 짓고, 죄를 짓는 인연에는 주로 세 가지가 있습니다. 국왕과 같은 어리석음, 대신과 같은 탐욕과 성내는 마음입니다. 왜 우리는 어리석음을 국왕에 비유하는가? 어리석음은 모든 번뇌에 두루 미치기 때문입니다. 어리석고 무지함으로 인하여 전도된 인식과 이치에 맞지 않는 믿음이 일어나기 때문입니다. 그래서 어리석음은 마치 국왕처럼 일체에 두루 미치게 됩니다. 예를 들면 마치 신체의 힘이 온몸에 두루 미치는 것과 같습니다. 마찬가지로 어리석음은 일체 번뇌에 두루 미치기 때문에 국왕에 비유한 것입니다. 이어서 대신과 같은 탐욕과 성내는 마음입니다. 일반적으로 어리석음으로 인해 생긴 번뇌는 매우 많습니다. 그러나 그중에서 가장 주요한 것, 평상시 가장 권력이 있는 것, 우리가 늘 사용하고 있는 것이 바로 탐욕과 성내는 마음입니다. 이 때문에 대신으로 비유합니다. 총괄하건대 어떤 죄업이건 모두 탐욕·성냄이란 번뇌에 의지하여 생겨납니다. 이 때문에 동기의 차별에 따라 업을 짓는 인연이 세 가지로 나뉜다고 말합니다. 어리석음의 번뇌 때문에 업을 짓는 것, 탐욕 때문에 업을 짓는 것, 성내는 마음 때문에 업을 짓는 것입니다. 그래서 우리가 만약 3독의 일체 행위를 버려야 함을 알고서 참회한다면, 일체 죄업을 청정하게 참회할 수 있습니다.

▌업을 짓는 세 가지 형식: 자신이 지음, 타인이 짓게 함, 지은 것을 수희함

업을 짓는 방식에는 세 가지가 있습니다. 몸·말·마음, 3문으로 지은 악업입니다.

업을 짓는 형식에는 세 가지가 있습니다. 자신이 짓는 것, 타인이 짓게 하는 것, 지은 것을 수희하는 것입니다. 자신이 짓는 것은 이해하기 쉽습니다. 바로 스스로 한 것입니다. 타인이 짓게 하는 것은 다른 사람이 하도록 사주하는 것입니다. 이것은 자신이 지은 죄업보다 더 무겁습니다. 왜 그런가? 자신은 마치 나쁜 일을 하지 않은 것처럼 가장하지만 타인이 하도록 사주하였기 때문입니다. 사실 이것은 두 사람이 모두 죄를 지은 것이 되어 죄업은 두 배가 되기 때문에 죄업이 더 크다고 말합니다. 이어서 지은 것을 수희하는 것입니다. 예를 들면, 다른 사람이 악업을 지을 때, 마음으로 생각하길, '음! 잘했어, 그는 정말 대단한 사나이야, 아주 좋아!'라고 한다면, 이러한 악행을 좋아하는 마음을 통해서 우리 역시 그 사람과 같은 악업을 얻게 됩니다. 같은 죄업을 얻었다는 것은 그의 죄 반을 우리가 담당하고, 반을 그 자신에게 남겨둔다는 것을 말하는 것이 결코 아닙니다. 일단 타인의 악행을 수희하면, 죄를 지은 자와 완전히 똑같은 죄업을 받습니다. 반을 받는 것이 아니라 전부 받습니다. 그러므로 이것은 자신이 직접 죄를 지은 것과 사실 같습니다.

▮'금강살타' 죄장 정화 관상

이어서 금강살타 부분입니다. 여기서 말합니다.

죄업과 장애를 깨끗이 제거하는 금강살타 염송 수행에는 둘이 있다. 하나,

> 자기 정수리 위 연꽃과 달의 방석 위에
> 흰색의 스승 금강살타께서 장엄하고 계십니다.
> 하나의 얼굴에 두 팔, 오른손엔 금강저,
> 왼손엔 요령을 들고서 가부좌를 하고 계십니다.

금강살타 수행을 하기 전에, 먼저 귀의 발보리심을 한 번 수행해야 합니다. 귀의 발보리심을 염송하는 것은 반드시 한 번의 수행할 시간을 별도로 필요로 하지 않습니다. 다만 금강살타를 수행하기 전에 처음부터 끝까지 다시 한 번 귀의와 발보리심을 아주 잘 염송하면 됩니다.

'자기 정수리 위'의 자기는, 우리 지금 이 보통사람의 모습을 가리킵니다. 바로 지금 이 모습입니다. 불보살님이나 본존이 되었다고 관상할 필요가 없습니다. 왜 그런가? 보통사람의 몸은 각종 죄업과 과실이 있기 때문에 우리가 금강살타의 죄업과 장애를 깨끗이 정화시키는 수행을 할 때, 자신이 과거 무슨 죄업을 지었는지 더욱 기억하기 쉽습

니다. **이른바 보통사람의 몸은 잘못과 허물의 본질입니다. 때문에 우리가 지은 죄업을 생각하기 더욱 쉽게 할 것입니다.** 요컨대, 자신이 일찍이 잘못을 지은 적이 있고, 지금도 늘 잘못을 저지르는 보통사람이라는 것을 관상합니다.

‘월륜’의 상징

‘자기 정수리 위’는 팔꿈치 높이 위의 허공에 있음을 가리킵니다. 그 위에는 출리와 윤회의 허물을 나타내는 연꽃이 있습니다. 그것은 흰색이고 8개의 꽃잎이 있습니다. 연꽃 위에는 **세속 보리심을 나타내는 만월 월륜이 있습니다.** 이 월륜의 모양은 지구 위에 떠 있는 달의 모양을 보는 것과 같습니다. 아주 희고 밝습니다. 과학자들이 달 표면에 올라 사진에서 보는 것 같은 울퉁불퉁하고, 탄 식빵 같은 달이 아닙니다. 때문에 아주 둥근 만월이며 아주 흰 명월입니다.

여기에서 더욱 자세하게 달을 소개할 수 있습니다. **첫째, 흰색은 보리심이 일체 선법善法의 원류임을 상징합니다. 둘째, 둥근 것은 가깝고 소원함의 구분 없이 일체 중생을 보살필 수 있음을 나타냅니다. 그래서 만월입니다. 셋째, 자신을 청정하게 하여 사사롭고 자신을 이롭게 하는 마음의 불이 꺼진 것을 상징합니다. 그래서 청량합니다. 넷째, 이타가 원만함을 나타냅니다. 그래서 밝고 빛남을 갖추었습니다.**

이어서, 금강살타의 몸을 관상할 것입니다. 여기에서는 천천히 먼저 종자 글자를 관상할 필요가 없습니다. **찰나에 금강살타의 전체 형체**

를 떠올립니다.

금강살타의 금강은 산스크리트어로 '바즈라vajra'입니다. 많은 의미를 포함합니다. 가장 주요한 뜻은 **'무이불지無二佛智'입니다. 이 지혜는 4마(번뇌마煩惱魔·5음마陰魔·사마死魔·천마天魔)에 꺾이지 않습니다. 그것은 매우 견고하고 안정적이라는 의미를 나타냅니다. 살타는 또한 보살이나 용사로 불립니다.** 여기에서의 뜻은 비록 금강살타가 이미 가장 미세한 소지장과 번뇌장을 원만히 하고 완전히 청정하게 했을 뿐만 아니라, 신지무이身智無二의 과위를 얻었을지라도 중생을 이익 되게 하기 위하여 색신의 모습으로 화현하였다는 것입니다. **중생을 이익 되게 할 때, 그는 용기를 갖추어 지금껏 상심한 적이 없습니다. 때문에 살타·보살 혹은 용사로 불립니다.**

▌금강살타는 왜 흰색인가?

금강살타의 얼굴빛은 흰색입니다. 왜 흰색인가? 지극히 미세한 지혜 풍기風氣 중 하나가 바로 흰색이기 때문입니다. 그러므로 금강살타는 흰색으로 관상해야 합니다. 금강살타의 얼굴 표정은 자상하고, 미소를 띠고 적정하며, 평화롭습니다. 표정을 관상해야 하는 것이 중요합니다. 아주 많은 경우 우리가 불보살님을 관상할 때 그는 움직일 수 없는 어색한 불상이라고 느낍니다. 이렇게 생각하면 느낌이 없을 것입니다. 때문에 우리가 금강살타를 관상할 때엔 표정이 있습니다. 자상하고 미소 띠고 적정하며 평화로우며 생동감이 있습니다. 더욱이 이 미소는 수행자에게 미소 짓고 있는 것입니다.

▌금강살타는 왜 미소 짓는가?

금강살타의 미소에는 두 가지 원인이 있습니다.

첫째, 환희를 나타냅니다. 죄업과 장애를 깨끗이 제거하고, 선업을 쌓는 수행을 하고 싶어 하지만, 이것은 매우 어려운 일입니다. 그러나 **지금 우리 모두는 열심히 자량을 쌓고, 죄업과 장애를 깨끗이 없애고 있습니다. 그래서 금강살타가 매우 기뻐하며 우리에게 미소 짓습니다.**

둘째, 격려입니다. 사실 우리 보통사람들은 불보살님을 기쁘게 하고 미소 짓게 할 만한 공덕이 없습니다. 왜 이렇게 말하는가? 이것은 마치 외아들을 둔 어머니와 같습니다. 이 아이가 매우 장난꾸러기여서 늘 사고를 쳐도 엄마는 그를 가르치려고 합니다. 처음에는 말로 하지만 듣지 않습니다. 그 후 때려도 듣지 않습니다. 맨 마지막에 엄마는 할 수 없이 멍하니 웃거나 미소 지을 뿐입니다. 마치 이러한 느낌처럼 우리는 실제 죄업이 너무 많아서 늘 악업을 짓고 선업을 행하려 들지 않습니다. 이때 **불보살님은 단지 미소 지으면서 자비롭게 우리를 보고 있을 뿐입니다. 이 미소는 우리를 격려하는 의미가 있습니다. 우리를 열심히 선으로 나아가게 하려는 것입니다.**

아마 내가 더 많은 말을 한다면 나는 보살이 미치광이라고 말할 것입니다. 왜냐하면 그는 늘 멍하니 웃고 있기 때문입니다. 이어서 간략하게 말하면 금강살타는 두 팔을 갖고 있습니다. 오른손엔 다섯으로 갈라진 금강저를 왼손엔 금강요령을 들고 있습니다. 금강저는 가슴 사이에 놓고 금강요령은 다리 부분에 놓습니다. 앉은 자세는 가부좌입니다.

▮진언 염주의 늘어짐과 죄업 청정의 감로

금강살타 가슴의 월륜에 '훔'자와 백자진언이 염주처럼 에워싸고 있는 것을 선명하게 관상하면서 기도한다…….

금강살타의 가슴에 월륜이 하나 있고 월륜에는 훔자가 있고 훔자 주위에 백자진언이 염주처럼 에워싸고 있다고 관상합니다. 훔자는 사람만한 크기일 수도 있고 엄지 손가락만한 크기일 수도 있습니다. 자신이 선택할 수 있습니다. 요컨대 금강살타 가슴의 월륜 위에 있으면 됩니다. 그러고 나서 우리는 조작 없이 진실되게 기도하는 마음으로 진언의 바퀴로부터 감로가 흘러내린다고 관상합니다. 그러고 나서 감로가 금강살타의 오른 엄지발가락으로부터 흘러나와 자신의 백회百會를 통해 우리 몸으로 들어옵니다. 금강살타로부터 흘러나온 감로는 결코 땀 같은 그런 모양이 아닙니다. 그렇다면 정말 이상할 것입니다. 금강살타는 피와 살이 없는 몸으로 수정이나 무지개처럼 투명합니다.

여기에 묘사하는 것처럼 합니다.

"자신의 백회를 통해 몸으로 들어온다. 모든 죄업과 장애가 먹물이나 검은 연기처럼 밖으로 나가고 ……" 감로가 흘러나간 뒤 더러운 것은 대지로 흘러갔다고 관상합니다. 이렇게 하면 됩니다. 이어서 "온몸은 감로로 가득 찼다"에서는 모든 몸과 마음의 고통과 죄업이 청정해졌고 마음은 장엄·희망·빛과 청정으로 가득 찼다고 관상합니다.

죄업과 장애를 청정히 하는 방식에는 여러 가지가 있습니다. 예를 들면, 빛을 통해 청정하게 합니다. 여기서는 감로를 흐르게 해서 청정해지는 방식을 말하였습니다. 많이 있습니다. 우리 입장에서 말하자면 감로 관상을 통해서 죄업을 깨끗이 제거하는 방식이 비교적 쉽습니다. 평소에 우리는 목욕을 합니다. 왜냐하면 물이 때를 깨끗이 씻어내기 때문입니다. 만약 빛을 내어 청정하게 한다면 관상하기가 좀 어렵습니다. 지금 많은 빛이 우리를 비추고 있지만 우리는 청정해졌다고 생각하지 못합니다. 도리어 더 많은 먼지를 볼 뿐입니다. 그러므로 여기서는 감로수를 흐르게 하는 것을 관상합니다. 우리 입장에선, 비교적 청정해짐을 쉽게 관상할 것입니다.

이상 분명하게 관상한 후 이어서 백자진언을 염송합니다. 진언을 염송할 때는 관상할 필요가 없습니다.

> 모든 것에 통달하신 불보살님들께서 살펴 주소서.
> 시작도 없던 때부터 저희들이 탐진치 3독에 의해
> 신구의 3문으로 부처님의 가르침인 삼계를 어기고
> 지은 잘못과 악업을 진실로 참회합니다.
> 다시 짓지 않겠사오니 겪지 않게 하소서.

"모든 것에 통달하신 불보살님들께서 살펴 주소서"는 모든 성인들을 가리킵니다. 여기에는 많은 단어가 있습니다. 의미는 위에서 관상한 스승과 다름없는 금강살타 이외에, 우리의 정수리 위에는 동시에 모든 기타 전승 성인 및 모든 불보살님 등이 있습니다만 우리는 그들의 모습이 다 나타나게 관상할 필요가 없습니다. 우리는 다만 마음속으로 그들을 생각하고 있으면 됩니다. 마치 증인이 우리를 보호하고 생각하는 것처럼 말입니다. 그러나 그들이 시작도 없던 때부터의 탐진치 3독의 죄업과 장애를 청정히 한다고 특별히 관상할 필요는 없습니다. 마지막에 말합니다. "다시 짓지 않겠사오니 겪지 않게 하소서." 여기에서의 "짓지 않겠사오니"는 매우 중요합니다. 이는 우리가 참회한 뒤 앞으로 다시 똑같은 죄업을 짓지 않겠다고 맹세해야 하는 것입니다. 만약 지금 참회하고서 다음에 똑같은 잘못을 저지르면, 사실 죄업은 더욱 무겁습니다. 왜 그런가? 우리는 그 죄업을 지었을 뿐만 아니라 또 망어妄語의 죄업을 지었기 때문입니다. 이것은 우리가 주의해야만 합니다.

이어서,

이상이 참회계이다. 금강살타께서 말씀하시길, "모든 것이 청정해졌다"라 하며 기뻐하시고 빛으로 변하여 자신에게 흡수된다고 관상하고서 선정에 든다.

모든 참회가 끝난 후, 금강살타께서 말씀하실 것입니다. **"모든 것이 청정해졌다."** 그러한 뒤, 기뻐하는 모습을 보이십니다. 여기에서 금강살타의 기쁨·미소는 정말 기뻐하고 미소 짓는 것이어야 합니다. 그 전에는 아직은 아닐 수 있었지만 지금은 우리가 정말로 성취했기 때문에 금강살타는 진정으로 미소를 드러내십니다.

금강살타를 관상하는 수행에서 가장 중요한 점은 이것입니다. **우리가 관상한 금강살타는 사실 우리 자신의 지혜가 드러난 본존입니다.** 이러한 관상 수행은 자신을 청정하게 합니다. 결코 외부에서 보살이 오셔서 우리의 정수리 위에서 우리에게 청정함을 주신 것이 아닙니다. **우리는 본래 지혜와 방편을 갖고 있습니다. 이러한 방법을 통하여 금강살타의 청정한 모습을 드러내어 우리가 죄업을 청정히 하도록 돕는 것입니다.** 이는 특수한 방편법이라고 말할 수 있습니다. 불보살님이 오셔서 우리 정수리 위에 물을 좀 뿌려주시고 우리가 깨끗해지는 것이 결코 아닙니다. 만약 이렇게 해서 죄업을 청정하게 할 수 있다면 이전에 일찍이 청정해졌습니다. 그러므로 **수행의 중점은 우리가 마음을 써서 관상하고 최선을 다해 방편과 지혜를 발전시키는데 있습니다. 죄업의 청정 여부, 죄업 청정의 속도 여부, 이 모든 것들은 자신의 노력에 기대야만 합니다. 동시에 전승의 가피에 의지하는 것입니다.**

마지막에 말합니다. "빛으로 변하여 자신에게 흡수된다고 관상하고서 선정에 든다." 우리는 **금강살타가 빛으로 변하여 자신에게 스며들어 왔다고 관상해야 합니다. 그런 뒤 선정에 듭니다. 우리는 거친 망상을 정지시키고 거짓 없는 본성에서 선정에 듭니다. 이처럼 우리는 마하무드라의 습기**習氣 **씨앗을 심고 지혜를 발전시키도록 돕습니다.**

오늘은 크리스마스입니다. 크리스마스는 서양 종교의 기념일일 뿐만 아니라 이제는 이미 광범하게 퍼진 기쁜 날입니다. 오늘 나 역시 매우 기쁩니다. 왜 그런가? 우리 불교도들은 항상 "일체가 다하도록 허공만큼 가득 찬 아버지 같고 어머니 같은 중생과 가까운 이들"을 말합니다. 마찬가지로 오늘 우리는 이렇게 많은 아버지 같고 어머니 같은 사람들과 함께 있습니다. 모르는 사람들도 오늘 많이 알게 되었습니다. 나는 정말로 기쁩니다. 그래서 나는 나 자신이 명실상부하게 기쁜 크리스마스를 보냈다고 생각합니다.

나는 여러분 모두가 매우 기쁘고 즐겁기를 바랍니다. 그래서 오늘은 나의 친필서와 카드를 여러분에게 주려고 준비했습니다. 그 중에, 춘련春聯(입춘날 문이나 기둥 등에 써 붙이는 주련)을 썼는데 모두 가지고 돌아가셔서 즐거운 새해를 보내시길 바랍니다.

(오늘 과정은 전날과 같이 참회문·『월장경』 길상문·회향문으로 맺었다.)

넷째 날 수업

시간: 2006년 12월 26일

나무 향운개 보살 마하살 (3번)
대중이 존자님께 3번 절한다.
나무 본사 석가모니불 (3번)
『반야바라밀다심경』
「금강총지 기원문」

오늘 설명할 내용은 '만달라'와 '구루 요가'입니다.

3. 만달라

우선 '만달라'입니다. 간략하게 설명할 것입니다.

복덕 자량과 지혜 자량을 원만히 하는 만달라 의궤에는 둘이 있다. 첫째는 좌복에 앉아 수행할 때로, 주로 자량전이 되는 성취 만달라와 주로 물질의 인연이 되는 공양 만달라이다. 이른바 성취 만달라는 어떠한 재질이든 간에 만달라판 위의 사방과 중앙 다섯 곳에 각각의 연꽃 받침 위, 여덟 마리 사자가 받치고 있는 보좌인 연꽃·해·달 방석 위에, 가운데 스승, 앞쪽에 본존, 오른쪽에 부처님, 뒤에 정법, 왼쪽에 승가 대중, 그 주위에 호법 성중 등이 계시다고 관상한다. 의미를 생각하면서 7지 공양을 올린다.

우선 **복덕은 유위의 복덕과 무위의 복덕으로 나눌 수 있습니다.** 경전에 많이 언급되었습니다. 무위 복덕을 쌓는 것은 우리 보통 사람의 입장에선 매우 힘듭니다. 때문에 유위 복덕을 잘 쌓는 것이 근根·도道·과果 등 어떤 때를 막론하고 필요합니다. 박복한 사람의 입장에선 실제 수행은 말할 것도 없고 수행이나 불법의 명칭을 듣는 것조차도 힘듭니다. 때문에 자기 마음으로 복덕 쌓는 것을 반드시 원만히 해야 하는데, 그 방법이 바로 만달라입니다.

▮만달라: 삼신의 정수를 추출하다

우선 '만다' 혹은 '만달라'를 공양하는 것은 현승이나 밀승에서 모두 언급이 있습니다. **'만달라'**는 산스크리트어입니다. 의미는 무엇인가? '정

수를 추출하다'는 뜻이 있습니다.

그러므로 만달라를 공양하기 전에 우선 추출하는 '정수'가 무엇인지를 알아야 합니다. 이것이 중요합니다. 추출하는 정수는 무엇인가? 바로 부처님의 삼신 과위, 즉 법신·보신 및 화신입니다. 우리는 부처님의 삼신 과위를 얻어야 하기 때문에 만달라를 필요로 합니다. 우리가 추출하고 얻어내야 하는 정수는 바로 부처님의 삼신 과위입니다.

추출하는 방식은 무엇인가? **제불보살님께 끊임없이 공양함에 의지하여 자기 마음의 죄업과 장애를 더욱 더 청정하게 하고 공덕을 더욱 더 증장시켜서, 마지막에 일체 공덕을 원만하게 하고 일체 업장을 다 제거하게 하는 것이 바로 정수를 얻어내는 것입니다.** 그러므로 우리는 끊임없이 제불보살님께 공양하고 끊임없이 만달라를 수행하여 이러한 목적을 달성해야 합니다.

만달라판이 상징하는 색과 모양

만달라의 재질은 상·중·하 등 세 종류로 나눌 수 있습니다. 상등의 재료는 보석으로 만든 만달라입니다. 중등은 동·철로 만든 것입니다. 하등은 나무·돌·모래로 만든 것입니다.

만달라에는 각양각색의 모양이 있습니다. 예를 들면 **재앙을 소멸시키는 만달라는 정방형입니다. 복덕을 증장시키는 만달라는 원형입니다. 길들여 관대하게 받아들이는 만달라는 반원형입니다. 적과 마魔를 주멸誅滅**

(죽여 없앰)하여 조복시키는 만달라는 삼각형입니다. 만달라에는 또한 각각의 색이 있습니다. 예를 들면 재앙 소멸은 흰색, 복덕 증장은 황색, 회섭懷攝(길들여 관대하게 받아들임)은 붉은색, 주멸은 검은색입니다.

만달라판의 크기도 각각 다릅니다. 가장 작은 것이 열두 손가락 마디의 넓이는 되어야 합니다.

▮두 가지 만달라: 성취 만달라와 공양 만달라

만달라를 올리는 방법에는 두 가지가 있습니다. 하나는 자량전이 되는 것을 관상하는 '성취 만달라'입니다. 우리가 공양해서 앞쪽에 놓는 소의所依 만달라입니다. 둘째는 물질의 인연이 되는 공양 만달라입니다. 우리가 손에 들고서 공양하는 만달라입니다. 그러나 만약 우리가 수행하는 법당에 이미 불·법·승 삼보에 공양을 올렸거나 스승의 소의가 있다면, 꼭 별도로 성취 만달라를 설치할 필요는 없습니다. 실제로 성취 만달라를 공양하여 앞쪽에 두었건 두지 않았건 간에 의궤에 따라 관상해야 합니다. 그 후 여법하고 정확하게 일곱 더미 공양을 올립니다. 진심으로 공양을 합니다.

만달라를 올리는데 있어 가장 주요한 부분은 '공양 만달라'를 10만 번 올리는 것입니다. 공양 만달라는 일곱 더미 공양입니다. 우선 우리는 "대지에 향수를 바르고 꽃을 뿌리며"를 관상해야 합니다. 이 만달라는 황금 대지와 같습니다. 위에 각종 향을 바르고 또 온 대지 주위에 울타리 같은 미묘한 꽃이 에워싸고 있습니다. "수미산과 사대주·해와 달로 장엄", 그러고 나서 만달라 가운데는 수미산, 주위 사방은 사대주, 좌우엔 해와 달로 장엄합니다. 이어서 "불국토로 관상하고서 공양 올립니다." **우리는 이 만달라가 바로 부처님의 자비심과 발원 가피로 이루어진 정토임을 관상하고 공양 올립니다. 관상으로 공양 올린 힘에 의지하여** "일체 유정이 청정 국토에서 향유하게 하소서." **일체 중생의 유루 죄업과 장애가 청정해져 정토를 친견하고 부처님 4신의 과위를 얻을 수 있습니다. 우리는 이렇게 관상하고 공양해야 합니다.**

▌공양 더미의 재료

공양의 방법을 말하겠습니다. 그중에서 먼저 공양의 재료입니다. 앞에서 공양의 기초(만달라판의 재질)는 이미 말하였습니다. 여기에서는 공양 더미에 필요한 재료를 말하겠습니다.

각종 약재를 공양한다면 우리가 질병을 없애고 장수하는데 도움이 될 수 있습니다.

각종 진귀한 것이나 보석을 공양한다면 우리 소원을 이루는 데 도움이 될 수 있습니다. 향수를 섞거나 바른 쌀이나 보리를 공양하는 것은 중생에게 기쁨을 주고, 아울러 출리심이 일어나는 것을 상징합니다.

그 중에서 보석류는 변질되지 않기 때문에 중복해서 공양으로 사용할 수 있습니다. 그러나 약물 혹은 쌀·보리 등은 변질되기 쉽기 때문에 계속 중복해서 공양으로 사용할 수 없습니다.

▮손의 동작은 좋은 연기緣起와 관계있다

만달라를 들 때, 왼손은 **만달라판을 잡습니다. 그러나 빈손으로 잡아서는 안 됩니다.** 그러므로 손 안에 약간의 쌀·보리 혹은 보석을 쥐어야 합니다. 그러고 나서 다시 만달라판을 잡습니다. 만약 **빈손으로 만달라를 잡으면 좋지 않은 연기일 것입니다.**

그러고 나서 오른손은 각종 공양물을 쥡니다. 이를 테면, 방금 말한 약·쌀·보리 혹은 보석 등등. 이와 같이 만달라판(왼손)과 공양물(오른손)을 잘 든 뒤 우리는 오른손 손바닥의 아래쪽을 이용하여 만달라판 위에서 오른쪽으로 돌립니다. **우리 깜창 까규의 전통에서는 우선 오른쪽으로 두 번 돌린 뒤 다시 왼쪽으로 한 번 돌립니다.** 오른쪽으로 돌리고 왼쪽으로 돌리는 차이는 딴뜨라 경전의 근거가 다릅니다. 외부 속전[5]에 근거하면 오른쪽으로 돌리고, 내부 속전에 근거하면 왼쪽으로 돌립니다. 많은 설법이 있습니다. **일반적인 전통에 의하면, 먼저 오른쪽으로 두 번 돌리고, 다시 왼쪽으로 한 번 돌립니다. 혹은 오른쪽으로 세 번 돌릴 수 있습니다. 이렇게 해도 됩니다.**

그러나 여기에서 **중요한 점은 왜 손바닥의 아래쪽을 이용하여 돌리는가 입니다. 왜냐하면 우리 손바닥 아래쪽에 보리심의 맥**이 있기 때문입니다. 그래서 **오른쪽으로 세 번 돌리는 것은 우리가 번뇌를 청정하게 하고 자비심과 보리심을 일으키는데 도움이 되는 연기입니다.**

---

5 딴뜨라 경전 4종 분류는 크게 외속과 내속으로 나뉜다. 닝마파에 따르면, 외속外續에 소작所作 딴뜨라, 행行 딴뜨라, 요가瑜伽 딴뜨라 셋을 두고 내속內續에 무상요가無上瑜伽 딴뜨라를 둔다.

오른쪽으로 돌릴 때 손이 이 만달라판을 깨끗하게 할 때, 동시에 우리는 공양의 대상을 관상해야 합니다. 이 일체가 모두 정토로 변합니다. 산·돌·흙·가시 등 깨끗하지 못한 외부 모양들이 모두 청정해지고 평평하고 넓은 황금 대지로 변하였습니다. **이러한 관상은 바로 청정 국토 수행입니다. 이것이 바라밀다 경전에서 말하는 '청정 국토'의 수행 방법입니다.**

이렇게 오른쪽으로 돌려 청정하게 한 뒤 이어서 **오른손에 쥔 쌀이나 물품을 먼저 만달라판 가운데에 놓아야 합니다. 그런데 가운데에 먼저 놓지 않아 가운데가 빈다면, 우리가 장차 빈 정토에 환생할 수 있음을 나타냅니다. 이것은 좋지 않은 연기입니다.**

▌일곱 더미 공양

이어서 공양에는 일곱 더미 공양이 있어야 하는데, 바로 수미산·사대주 및 해와 달입니다.

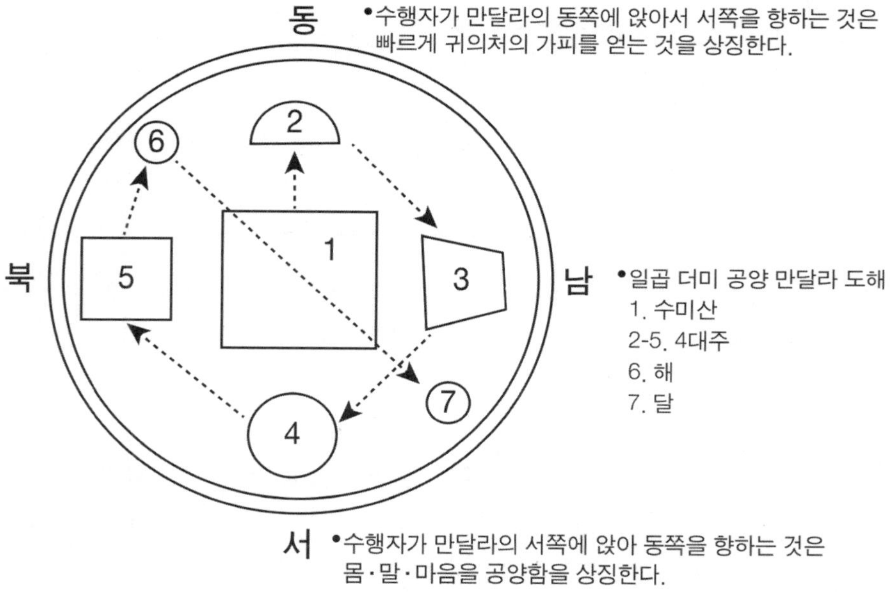
동
•수행자가 만달라의 동쪽에 앉아서 서쪽을 향하는 것은 빠르게 귀의처의 가피를 얻는 것을 상징한다.
2
6
1
북
5
3
남
7
4
서
•일곱 더미 공양 만달라 도해
1. 수미산
2-5. 4대주
6. 해
7. 달
•수행자가 만달라의 서쪽에 앉아 동쪽을 향하는 것은 몸·말·마음을 공양함을 상징한다.

이어서 만달라의 방위를 확인해야 합니다. 만달라의 어느 방향이 동쪽인가? **두 가지 설법이 있습니다. ①자신이 마주하고 있는 앞쪽이 동쪽이다. ②귀의처를 마주하면서 자신에게 향한 방향이 동쪽이다. 동쪽은 동승신주東勝身洲입니다. 만약 자기 앞쪽을 동쪽으로 삼아서 공양을 올리면 우리가 몸·말·마음을 바친다는 것을 상징합니다. 만약 자기 쪽을 동쪽으로 삼아 공양을 올리면 우리가 빠르게 귀의처의 가피를 얻는다는 것을 상징합니다.** 각자 어느 쪽을 동쪽으로 삼아도 모두 됩니다. 위에서는 주로 수미산·사대주 등을 관상합니다. 최근 많은 사람들이 수미산이 도대체 존재하는가를 토론합니다. 그러나 관상 수행과 실제는 다릅니다. 사람마다 각자의 관상을 합니다. 아마도 어떤 사람은 수미산이 둥글다고 관상할 것이고, 어떤 사람은 네모라고 관상할 것입니다. 이 때문에 만약 각자가 마음속으로 상상한 것이 모두 진실이 된다면 너무 많아질 것입니다. 그러므로 관상하는 것이 반드시 실제 상황은 아닙니다.

가장 중요한 것은 여기에서 형용하는 수미산·사대주 등의 일체 사물, 즉 온 우주가 모두 정토로 변하고 일체 부정한 것들이 청정해져서 불국 정토를 이룬다는 것입니다. 이것은 자기 마음을 확대하고 발전시키기 위한 방법입니다.

그러므로 문자로 수미산·사대주 등을 묘사하지만, 만약 각자 새로운 일곱 더미를 관상하고 싶다면 해도 됩니다. 여러분은 동쪽은 아시아 주 서쪽은 아메리카 주 등으로 생각할 수 있습니다. 논리적으로 말한다면, 나는 이렇게 관상하는 것이 괜찮다고 여깁니다. 그러나 이렇게 관상하기 전에 우선 많은 구상을 해야 합니다. 아마도 매우 복잡하고 어려울 것입니다. 그래서 문자상에서 묘사하는 수미산·사대주에 따라 말한다면 우리는 그것이 대표하는 뜻은 **온 우주가 정토로 변하고, 이러한 방법을 통하여 우리 마음과 시야를 더욱 너그러워지고 넓어지게 한다는 것입니다.**

예를 들어 많은 사람들이 자신의 힘으로 대만 혹은 중국이 인간 정토가 되는 데 공헌하기를 바랍니다. 사실 **인간 정토는 만달라를 공양할 때 관상할 수 있습니다. 우선 정토는 본래 청정하다고 결코 말하지 않습니**

다. 관상 수행을 통하여 깨끗하지 않은 것이 바뀌어서 청정하게 됩니다. 마치 아미타불의 정토와 같습니다. 아미타불 자체는 처음에 그 역시 보통 사람이었습니다. 그러나 청정 국토 수행에 의지하여 일체 지역 · 재산 · 몸 등의 더러움을 청정하게 하여 청정 근본 지혜의 자성을 이루었습니다. 이때 바로 극락정토를 성취하였습니다. 이 때문에 우리 역시 이렇게 수행할 수 있습니다.

4. 구루 요가

이어서 '구루 요가'로 들어갑니다. "신속하게 가피를 얻어 변화를 이루는 구루 요가에는 두 가지가 있다. 공통적이지 않은 수행과 공통적인 수행이다……." **공통적이지 않은 구루 요가는 나로육법을 가리킵니다. 그러나 이것은 여기에서 수행해야만 하는 것이 아닙니다. 우리가 해야 하는 것은 공통적인 구루 요가 수행입니다.**

후자는 아래에 말하는 것처럼 수행한다. 자신을 본존이라고 관상한다.

> 정수리 위에 연꽃과 해, 달의 방석 위에
> 근본 스승 지금강불이 계시는데
> 질푸른 색에 금강저와 요령을 교차한 수인을 하고
> 보석으로 장엄하였으며 상호는 매우 빛이 나
> 시방삼세 모든 부처님의 응집된 성품이 밝게 드러나십니다.

앞에서 설명한 것처럼 7지 공양을 한다.

이어서 '구루 요가'의 수행으로 들어가야 합니다. **'구루 요가' 수행은 주로 바로 '가피'를 얻어 '변화'를 이루는 수행 법문입니다.** 그런데 이 '변화'와 '가피'는 은밀한 것이고 드러낼 수 없는 것입니다. 만약 너무 떠벌린다면, 안 됩니다. 이를 테면, **큰 소리로 자신이 '구루 요가'를 수행하고 있다고 선포한다면 이것은 안 됩니다.** 그러므로 이제 사진·촬영 및 녹음을 모두 거두어 주시기 바랍니다.

■ 주의 ■
'구루 요가'와 관련된 수업 내용(개인 필기 포함)은 영상·말·문자·도편 등으로 공개되거나 모든 매체에 방송되는 것을 금지한다. TV·VCD·DVD·인터넷·보도 잡지 등을 포함한다.
'구루 요가'와 관련된 의궤 수행은 수행자가 반드시 구전과 가르침을 얻어야 한다. －까르마빠 존자님 지시－

이 가르침들은 나와 여러분 마음의 연결이라는 것을 기억하십시오

이번 교과 과정에는 많은 법우들이 모였습니다. 나는 친한 사람을 다시 만난 것처럼 마음속에 기쁨과 긴장으로 가득 찼습니다. 그러나 내가 부끄럽게 느끼는 것은 이번에 일이 너무 많아서 늘 많은 자질구레한 일들을 걱정하느라 수업 준비를 잘하지 못했다는 것입니다.

하지만 나는 늘 여러분의 웃는 얼굴을 보고 싶기 때문에 줄곧 노력하고 있습니다.

부처님의 성지, 천불千佛이 도를 이룬 엄밀嚴密 정토에서 나는 발원합니다. 나의 모든 몸·말·마음이 영원히 여러분과 같이 갈 수 있기를! 여러분에게 위안을 주고 여러분의 고통을 줄여 줄 수 있기를.

오늘은 우리 수업의 마지막 날입니다. 이후 여러분은 또 각자 흩어져야 합니다. 그러나 여러분이 이번 과정의 가르침을 명심할 수 있기를 바랍니다. 이것이 우리 감정의 연계聯繫를 나타내는 것이기 때문입니다.

나는 이번 과정이 여러분에게 즉각적인 도움이 되었는지 알 수 없습니다. 그러나 이후에 여러분 모두 일찍이 어떤 젊은이가 여러분에게 이러한 법의 가르침을 말했었고, 여러분에게 도움이 되는 점이 있었다고 생각할 수 있기를 바랍니다! 왜냐하면 이것이 내가 일심一心으로 여러분을 위해 수업한 축복이기 때문입니다.

이후 여러분이 만약 이 수업과정에 어떤 질문이 있다면, 공식 인터넷 주소로 편지를 쓸 수 있습니다. 내가 틈이 날 때 최대한 회답할 것입니다.[6]

(이날 과정은 전날과 마찬가지로 참회문·『월장경』 길상문·회향문으로 마쳤다.)

---

6 까르마빠 존자님 공식 메일 주소: karmapa.website@gmail.com

3부
문답편

「4불공가행」 관련 질문에 대한 까르마빠 존자님의 가르침

1. 귀의 오체투지에 관하여

질문1 귀의 오체투지는 좌복에서 염송·관상한 후에 오체투지를 해야 합니까? 혹은 직접 오체투지를 하고 따로 귀의 발보리심 관상 수행을 합니까?

존자님 답 「4불공가행」 오체투지를 수행하기 전에, 먼저 내가 준 「4공가행」 가르침을 명상 수행해야 합니다. 그러고 나서 '귀의처'를 관상하고 '오체투지' 준비를 합니다. 먼저 좌복에서 염송 관상 수행한 후에 '5귀의' 부분에서 '5귀의'를 한 번 염송하고 '오체투지' 한 번을 합니다.

질문2 월륜과 일륜의 색은 무엇입니까?

존자님 답 월륜은 흰색, 일륜은 황색입니다.

질문3 마지막에 귀의처가 빛으로 변하여 자신에게 스며들어 하나가 되는데, 다른 중생들도 함께 빛으로 변하여 스며들어 온다고 관상할 수 있어야 합니까?

존자님 답 필요하지 않습니다.

2. 금강살타에 관하여

질문1 '금강살타 백자진언'을 셀 때 긴 진언만 세어도 됩니까? 아니면 짧은 진언까지도 세어야 합니까?

존자님 답 금강살타 백자진언 수행법에서 세어야 하는 것은 긴 진언입니다.(백자진언)

질문2 의궤 24쪽 관상하는 부분에서 금강살타의 얼굴이 향하는 방향은 저와 같습니까?

존자님 답 그렇습니다.

질문3 금강살타가 우리의 맞은편에 있다고 관상할 수 있습니까?

존자님 답 안 됩니다. 이럴 경우 발가락에서 감로가 우리 백회로 흘러들어가는 것을 관상하려고 하면 다소 어려운 점이 있게 됩니다.

질문4 금강살타 가슴 사이의 월륜 역시 흰색입니까?

존자님 답 그렇습니다.

질문5 진언이 염주처럼 에워싸여 있는 것을 관상하는 것은 에워싸지기 시작할 때입니까, 아니면 진언을 염송해야 합니까?

존자님 답 에워쌀 필요는 없습니다. 이른바 에워싼다는 것은 끊임없이 진언을 염송한다는 뜻입니다.

질문6 백색의 감로가 금강살타의 가슴과 에워싸인 진언으로부터 흘러나와 금강살타의 전신을 가득 채우고 나서, 금강살타의 오른발 엄지발가락을 통해 우리의 몸으로 흘러 들어 옵니다. 자신을 깨끗이 씻은 뒤 또다시 금강살타의 몸으로 되돌려 흘려보낸 뒤, 다시 한 번 금강살타의 오른발 엄지발가락에서 우리의 몸으로 흘러들어 와야 합니까?

존자님 답 필요치 않습니다. 자신이 어떻게 무슨 감로를 되돌려 흐르게 합니까!

질문7 자신을 청정하게 하는 관상은 몇 번을 해야 합니까?

존자님 답 한 번이면 됩니다.

질문8 숫자 세는 곳이 긴 진언을 위주로 하면, 짧은 진언은 언제 합니까?

존자님 답 긴 진언을 다 염송한 후 할 수 있습니다. 숫자가 얼마인가는 자기 뜻대로 하면 됩니다.

질문9 어떤 사람이 평상시 틈이 날 때 혹은 길을 걸을 때 백자진언을 하지만 관상을 하지 않습니다. 단지 일반적인 진언을 할 뿐인데, 숫자 계산에 넣을 수 있습니까?

존자님 답 안 됩니다.

질문10 백색의 감로가 금강살타의 가슴과 에워싸인 진언으로부터 흘러나와 금강살타의 전신을 가득 채우고, 그러고 나서 금강살타의 오른발 엄지발가락을 통해 우리의 몸으로 흘러 들어 옵니다. 자신을 깨끗이 씻은 뒤, 그 감로가 다시 온몸에 가득 차고 백회로 넘쳐나 금강살타의 발가락까지 닿아야 합니까?

존자님 답 이렇게 관상하고 싶다면 해도 좋습니다.

질문11 금강살타가 우리의 정수리에 계시다고 관상할 때에, 이때의 금강살타는 크기가 어느 정도여야 합니까?

존자님 답 일정한 크기가 없습니다. 자신이 편안한 크기면 됩니다.

질문12 금강살타와 스승은 둘이 아니고 똑같습니다. 우리는 금강살타가 바로 스승이라고 관상할 수 있습니까? 혹은 외모는 금강살타이지만, 본질은 존자님입니까?

존자님 답 할 수 있습니다.

질문13 만약 하루 종일 감로가 자신을 청정히 하는 것을 관상하지 않았다면, 그 수지한 진언은 셀 수 있습니까? 만약 저녁에야 비로소 감로가 자신을 청정히 하는 것을 수지한다면, 아침부터 저녁까지 관상 전에 한 진언은 숫자 세는 데 포함할 수 있습니까?

존자님 답 마음을 반드시 금강살타의 공덕이나 백자진언에 두어야 합니다. 좌복에 앉아서 한 진언은 계산할 수 있습니다. 좌복에서 일어나 한 것은 계산할 수 없습니다. 그러므로 좌복에 앉았을 때, 여실하게 관상 수행하고 수지한 것이어야 계산할 수 있습니다.

3. 만달라에 관하여

질문1 '만달라'와 '구루 요가'에서 '7지 공양을 해야 한다'는 부분이 있는데, 법을 수행하기 전에 먼저 '7지 공양' 관상을 해야 한다는 말입니까?

존자님 답 그렇습니다.

질문2 만달라 수행은 함께 수행할 때 법사에게 전체 염송과 만달라 순서를 실제로 한 번 청해도 됩니까?

존자님 답 무문관 수행을 한 라마에게 시범을 청합니다.

질문3 쌀은 매일 새것으로 바꾸어야 합니까?

존자님 답 매일 약간의 새 쌀을 더하면 됩니다.

질문4 공양을 올린 쌀과 공양물은 어떻게 처리해야 합니까?

존자님 답 자신이 밥을 해 먹어도 되고 공양에 쓰거나 보시를 해도 됩니다.

4. 구루 요가에 관하여

질문1 존자님이 말씀하시길, 띠로푸에서 법문하실 때 말씀하신 '구루 요가'는 대략적인 것이라고 하셨습니다. '구루 요가'의 본수행을 하려고 한다면, 다시 스승의 가르침을 받아야 됩니까?

존자님 답 그렇습니다. 그러나 직접 띠로푸에서 법문을 들은 사람이 내가 가르친 '구루 요가'를 이해했다면 수행할 수 있습니다.

질문2 '구루 요가'의 본존 관상은 어느 본존을 관상합니까?

존자님 답 금강해모.

질문3 띠로푸 과정에 참가한 사람은 '구루 요가'를 수행할 수 있습니까?

존자님 답 할 수 있습니다. 나에게 구전과 가르침이 있기 때문입니다.

질문4 '구루 요가'를 수행할 때, '까르마빠 켄노'는 수를 세는 데에 넣습니까?

존자님 답 필요 없습니다.

질문5 '구루 요가'는 함께 수행해야 합니까?

존자님 답 '구루 요가'는 가피법입니다. 개인이 스스로 공경과 정성의 마음으로 기도드려야 합니다. 그러므로 함께 할 필요가 없습니다.

5. 기타 관련 문제

질문1 「4불공가행(네 가지 공통적이지 않은 예비수행)」은 순서(귀의 오체투지 → 금강살타 → 만달라 → 구루 요가)에 따라 해야 합니까?

존자님 답 그렇지 않습니다.

질문2 「4불공가행」을 할 때 중단할 수 있습니까?

존자님 답 금강승법을 수행할 때는 중단해서는 안 됩니다. 네 가지 공통적이지 않은 예비수행 중 그 어떤 수행에서건 하루라도 중단해서는 안 됩니다. 만약 중단했다면 이 예비수행은 처음부터 다시 시작해야 합니다.

질문3 오체투지를 다하고 둘째, 셋째, 넷째 예비수행을 하기 전에, 또 오체투지를 다시 해야 합니까?

존자님 답 해야 합니다. 오체투지를 다하고 이어서 금강살타를 할 때, 반드시 먼저 오체투지 전문을 염송해야 합니다(5귀의를 염송하고 오체투지 한 번을 합니다). 이렇게 세 번 한 후에 금강살타 수행을 합니다. 그 다음에도 순서대로 이와 같이 합니다. 예를 들어 만달라 전에는 먼저 오체투지·금강살타 수행을 각각 3번 한 후에 만달라 수행을 합니다.

질문4 한 번 수행할 때, 동시에 두 개의 예비수행을 할 수 있습니까?

존자님 답　그렇습니다.

질문5　아침과 오후에 각각 다른 수행을 한다면 또 처음부터 관상 수행을 시작해야 합니까, 아니면 직접 수를 세는 부분으로 들어가도 됩니까?

존자님 답　만약 아침 수행에서 이미 회향했다면, 오후에 수행을 시작할 때 처음부터 관상 수행을 시작해야 합니다.

질문6　법회에 참가하는 이유로 「4불공가행」하는 것을 중단하는 것은 괜찮습니까?

존자님 답　안 됩니다.

질문7　어떤 사람이 존자님이 지은 「4불공가행」 법본을 수행하려고 한다면, 괜찮습니까? 존자님 이외에 또 다른 누군가가 구전과 가르침을 줄 수 있습니까?

존자님 답　어떤 사람이 내가 편찬한 「4불공가행」을 수행하고 싶어 한다면, 이 법을 받은 적이 있는 린포체나 스승에게서 이 법의 구전과 가르침을 받을 수 있습니다.

질문8　어떤 사람이 발심하여 까규 전승의 법을 수행하기 시작하려고 한다면, 그 전에 받은 다른 전승의 관정은 수행하지 않아도 됩니까?

존자님 답 안 됩니다. 이렇게 하면 관정 준 사람에 대한 사마야계를 지키지 못합니다. 반드시 사마야계를 지켜야 됩니다. 어떻게 참회해야 합니까? 계속 수행하는 것입니다.

질문9 동시에 두 교파의 법을 수행해도 됩니까?

존자님 답 됩니다.

질문10 「4불공가행」 각 가행에서 수를 세는 부분은 어디입니까?

존자님 답

오체투지	의궤 17쪽. "저와 일체 중생은… 승가에 귀의합니다."
금강살타	의궤 25쪽. "옴… 사또 훔."
만 달 라	의궤 36쪽. "대지에 향수를 바르고… 따야미."
구루 요가	의궤 40쪽. "허공에 가득 찬… 대비 화신 스승께 기원합니다."

부록

「4불공가행」 관련 강의와 기도문

부록1

밍규르 린포체 「4불공가행」 복습 강의

스승: 욘게이 밍규르 린포체 | 장소: 보드가야 떼갈 사원

첫째 날 수업

시간: 2006년 12월 23일
영어의 중국어 번역: 미야오룽 법사
정리: 츠런 상모

오늘 우리 모두는 각자의 지역에서 이곳까지 와 까르마빠 존자님 앞에서 법을 구하였으니, 매우 복이 있다고 말할 수 있습니다. 더욱이 아주 일찍부터 여러분은 돈을 모으기 시작했고 그러고 나서 길을 멀다하지 않고 왔습니다. 천신만고 끝에 도착했습니다. 우리의 이러한 마음은 준비를 하기 시작할 때, 이미 선업이 되었다고 말할 수 있습니다. 이제 꿈이 실현되는 것처럼 우리는 어제·그제, 정말로 까르마빠 존자님 앞에서 가르침을 주실 것을 청했습니다. 모두에게 진정 행운과 복덕이 있다고 할 수 있습니다.

그러나 아직 문제가 있습니다. 어떻게 말할까요? 금강좌에 우리에게 큰 가피가 있다고 말할 수 있습니다. 첫 번째 큰 가피는 바로 감기입니다(대중이 웃는다). 나는 여러분이 기침하고 있는 것을 들었기 때문입니다. 그러나 우리는 이 감기가 가피이며 또한 원인이 없는 것은 아니라고 말합니다. 왜냐하면 성지를 참배할 때 많은 곤란과 어려움을 만나지만, 이는 도리어 우리가 무시이래 쌓고 지은 죄업과 장애를 깨끗이 없애고 더욱이 복덕 자량을 쌓는데 도움을 줄 수 있기 때문입니다. 그러므로 성지를 참배할 때 감기에 걸리고 설사를 하는 일들이 일어납니다. 이러한 어려움들이 발생할 때, 이를 고통으로 여기지 말아야 합니다. 여러분은 이것이 바로 죄업과 장애를 청정하게 하는 가장 좋은 방법이고, 복덕 자량을 쌓는 가장 좋은 조건임을 알아야 하기 때문입니다. 아주 오래 전부터 우리들은 항상 감기에 걸립니다. 그러나 그 감기들은 모두 낭비였고 의미가 없는 것이었지만, 지금 우리는 이 감기를 의미 있는 것으로 바꾸어야 합니다.

여기에서 감기에 걸리지 않은 많은 사람들 입장에서 말하자면, 여러분들이 생각하길, '아! 이렇게, 나는 성지聖地의 가피를 얻지 못했어!'라고 느끼고 슬퍼하지 마세요. 그렇게 상심할 필요 없습니다. 여러분이 감기에 걸리지 않았다면 매우 건강한 상태에서 아주 분명하게 법을 들을 수 있습니다. 이것 역시 아주 좋습니다. 그러므로 감기에 걸렸건 걸리지 않았건 간에, 병이 났건 병이 나지 않았건 간에, 모두 성지聖地의 가피입니다. 좋지 않습니까?

❚존자님의 가피 속에서, 『4불공가행』을 복습 강의하다

오늘 저녁 우리 이 수업은 복습 과정에 속합니다. 이것은 마치 불학원佛學院에서 오전에 켄보가 우리에게 수업을 해주고, 그 뒤 오후나 저녁에 강사가 와서 아침에 배운 수업을 복습해 주는 것과 같습니다. 나는 오늘 아침 까르마빠 존자님이 우리에게 준 가르침을 다시 강의하려고 합니다.

나 자신 또한 불법에 관한 지식과 수행을 통한 깨달음이 모두 충분하지 않기 때문에, 오전의 이 깊은 가르침들을 아주 완전하게 복습하는 것은, 내 입장에서 말하자면, 어렵습니다. 그러나 까르마빠 존자님의 말씀 때문에 복습 강의하러 와야 했습니다. 이것은 마치 많은 경전들이 부처님의 가피를 통해 어떤 한 보살이 말했던 것과 같습니다. 그러므로 여기에서 우선 보고합니다. 존자님의 가피로 저 역시 여기에서 여러분에게 복습 강의를 합니다.

오늘 오전 까르마빠 존자님께서는 이 『4불공가행』을 설명하셨습니다. 이것은 존자님이 지은 교재입니다. 이전에는 전통적인 『4불공가행』 수행 법본이 있었습니다. 이 책은 특별히 외국인 제자들의 수행을 위하여 만든 법본입니다. 특별히 업무와 생활에 바쁜 외국인 제자뿐만 아니라 각종 지불해야만 하는 계산서, 예를 들면 집·차 및 각종 핸드폰 등의 지불 계산서를 가진 바쁜 외국인 제자들을 위해 지은 법본입니다.

그러나 여러분은 걱정할 필요가 없습니다. '아! 이것은 외국인 제자를 위한 것이기 때문에 아마 많은 중요한 가르침들이 여기에 포함되지 않았을 것이다.' 여러분은 이렇게 걱정하지 마십시오. 왜 그럴까요? 그 의의는 같기 때문입니다. 단지 단어, 문장이 짧아진 것에 불과합니다. 왜 그럴까요? 외국인 제자들은 글자 하나하나씩 티벳 문장을 읽어 내려가기 어렵기 때문입니다. 그래서 이 간단한 의궤를 지었습니다. 그러나 만약 티벳인이 이 의궤를 수행하려 한다면 특별한 허가를 얻어야만 합니다. 심지어 나(린포체를 가리키며)도 허가를 받아야 합니다.

▌공통으로 하는 예비수행: 마음을 바꾸는 네 가지 사유

지금 법본을 펴십시오.

누구든지 공통의 법으로 자기 마음을 먼저 정화하고 나서, 자격을 갖춘 스승으로부터 관정과 가르침을 잘 받은 후에, 마하무드라의 공통적이지 않은 예비수행을 염송하고 수행한다.

사실 『마하무드라』 수행에는 몇 가지 부분이 있습니다. 예비수행인 전행前行과 본수행인 정행正行입니다. 단 두 개이기 때문에 쉽습니다. 그러나 각 부분이 또 둘로 나뉩니다. 그래서 네 부분이 되었습니다. 예비수행은 둘로 나뉩니다. '공통적인 예비수행'과 '공통적이지 않은 예비수행'입니다. 본수행도 '방편도'와 '해탈도' 두 부분이 있습니다. 그래서 총 네 부분입니다. 지금은 또 좀 더 많아졌습니다. 이 '공통적인 예비수행'과 '공통적이지 않은 예비수행'이 또다시 넷으로 나뉘었습니다. 그래서 여덟 부분이 되었고 현재는 좀 더 곤란해졌습니다. 그러나 사실 그렇게 힘들지 않습니다. 왜냐하면 마하무드라의 교법은 부처님 8만 4천 법문의 교법이 그 안에 다 포함되어 있다고 말할 수 있기 때문입니다. 그러므로 만약 우리가 8개를 8만 4천여 개에 비교한다면 8개는 쉬운 셈입니다.

올해 까르마빠 존자님이 강의할 것은 '예비수행' 부분입니다. 더욱이 '공통적이지 않은 예비수행' 부분입니다. **'공통적인 예비수행'은 도대체 무엇입니까? 첫째 '사람 몸의 보배로움', 둘째 '무상', 셋째 '인과와 업', 넷째 '윤회의 고통'입니다.** 우리는 이 넷을 '공통적인 예비수행(공가행共加行)'이라고 부릅니다. 왜 '공통적인 예비수행'이라 부를까요? **이것은 삼승이 공통으로 수행해야만 하는 것에 속하기 때문입니다. 바로 '소승·대승·금강승'의 사람들이 모두 수행해야만 합니다. 어떠한 불교도라도 수행해야만 합니다. 그래서 '공통적인 예비수행'이라고 부릅니다. 더욱이 네 가지 사유를 우리는 '마음을 바꾸는 네 가지 사유'라고 부릅니다. 거기에 '귀의'를 더한다면, 이러한 수행은 남방 불교의 가장 중요한 수행이라고 말할 수 있습니다.**

우리는 '귀의'를 말하였습니다. '귀의'는 소승 불교의 입문에 속합니다. 더욱이 그것은 소승 수행으로 들어가는 입문입니다. 방금 언급한 마음을 바꾸는 네 가지 사유는 소승 참선 수행에서 갖추어야 하는 견해 및 소승 참선 수행의 방식에 속합니다. 소승에서 특히 언급하는 것은 '무상·고통과 무아' 같은 개념입니다.

▌4공가행의 첫째: 사람 몸의 보배로움

첫 번째 사유에서는 '사람 몸의 보배로움'을 말하였습니다. 이 '사람 몸의 보배로움'에서 가장 중요한 수행의 의미는 우선 수행하기 전에 먼저 자신을 알아야 된다는 것입니다. 외국의 많은 사람들이 말하는 것과 같습니다. "일하기 전에, 먼저 자신이 누구인지 알아야 한다." 먼저 당신 자신이어야만이 잘할 수 있다는 것을 인식해야 합니다. 그러므로 **수행하기 전에 당신은 먼저 자신의 본질을 알아야 합니다.** 우리는 나쁘지 않고 자신은 좋은 사람이라는 것을 알아야 합니다. **우리 자신의 이 사람 몸은 마치 여의보와 같습니다.** 그러므로 당신은 스스로 "너는 훌륭해, 너는 아주 좋아"라는 것을 알아야 합니다. 미국에서 그들에겐 많은 형용사가 있는데, 마찬가지로 '좋다'는 뜻을 묘사합니다. 그래서 우리는 "너는 훌륭해, 너는 멋있어, 너는 정말 rock해…"라고 말할 수 있습니다.

여기서 이야기 하나를 하려고 합니다.

내가 미국 캘리포니아 주에 있을 때, 어느 날 새벽 도로를 걸었습니다. 길옆으로 많은 차들이 지나고 있었습니다. 걷고 있는데 갑자기 차 한 대가 내 편에 서더니, 안에서 사람이 나보고 "You rock!"이라고 말하였습니다. 어쨌든 나는 그가 무엇을 말하고 있는지 몰랐습니다. 그래서 나는 할 수 없이 "헬로! 헬로!"라고 대답했습니다. 숙소로 돌아와서 친구에게 이 말이 무슨 뜻인지를 물었습니다. 그가 말하길, "너는 좋아! 너는 아주 훌륭해!"라는 뜻이라고 했습니다. 그래서 나는 매우 기뻤습니다. 사실 누구나 좋은 본질을 갖추고 있습니다. 우리 모두는 좋은 공덕을 갖추고 있고, 지혜가 있고 자비와 힘을 구족하였습니다. **가장 중요한 것은 '당신이 반드시 본인 스스로 갖추고 있는 본질을 알아야만 합니다.'** 만약 당신이 알지 못한다면, 이러한 좋은 본질을 갖고 있더라도 이 본질은 드러날 방법이 없습니다.

그러면 무엇이 우리가 갖추고 있는 공덕과 좋은 본질일까요?

두 부분에서 말할 수 있습니다. 우리는 이러한 공덕과 본질을 갖추고 있습니다. 하나는 우리의 마음속에 있고, 다른 하나는 우리의 몸에 있습니다. **이른바 우리 마음에 있는 공덕, 그것을 불성이라고 부를 수 있습니다.**

우리는 '불성'을 말할 수 있습니다. 그것은 가장 훌륭하고, 가장 완미하고, **가장 Rock한 것이라고. 이 '불성'은 일체 중생에게 똑같고 차별이 없습니다. 이 '불성의 본질'은 지금강불·존자님·석가모니불과 심지어 모든 동물, 개를 포함해서 모두 차별이 없습니다. 이 '불성의 본질'은 똑같습니다.** 특히 우리는 모두 사람의 몸을 갖고 있습니다. 사람 몸은 매우 좋다고 말할 수 있습니다. 불법에서는 육도六道 윤회가 있고, 3선도善道·3악도가 있다고 말합니다. 육도 윤회가 있기 때문에 여섯 종류의 몸이 있습니다. 육도 중에서 사람의 몸이 가장 좋습니다.

왜 그럴까요? 우리에게는 고통이 있고 즐거움도 있습니다. 이 둘이 있습니다. 천도天道 같은 경우, 너무 즐거워서 늘 산란해 있습니다. 하삼도下三道의 중생은 너무 고통스러워서 어떠한 자유도 없습니다. 우리는 즐거움이 있을 뿐만 아니라 고통도 있습니다. 사람의 고통은 매우 좋은 것이라고 말할 수 있습니다. 왜냐하면 **우리의 고통은 바로 우리의 선생님과 같기 때문입니다. 바로 '보드가야의 감기'처럼, 우리의 죄업과 장애를 깨끗이 제거할 수 있고 자량을 쌓을 수 있습니다. 의미 있는 감기입니다.**

이 때문에 첫 번째 수행은 우선 자신이 갖춘 것을 인식해야만 하는 것입니다. 이러한 '사람 몸의 보배로움'은 진귀한 것입니다. 여러분은 다음과 같이 생각할 필요가 없습니다. '나는 정말 쓸모없어. 정말 가장 나빠. 나는 정말 아무 것도 할 수 없어. 어느 것도 남만 못해. 나는 세상에서 가장 나쁘고 엉망진창이야.' 여러분은 이렇게 생각할 필요가 없습니다. 왜냐하면 여러분은 모든 가장 좋은 공덕과 특질을 갖추고 있기 때문입니다. 여러분은 모든 특질과 조건을 갖추고 있어서 불도를 성취할 수 있습니다. 우리들이 말하는 사람 몸의 보배로움은 8유가와 10원만을 갖춘 인간의 몸이라는 것입니다. 이 8유가와 10원만이 가리키는 것은 여러분이 책에서 배울 수 있습니다.

▌4공가행의 둘째: 죽음의 무상함

두 번째는 '무상'의 사유를 가리킵니다. 모든 일들은 변하고 있습니다. 왜 그럴까요? 모든 일들에는 시간이 있기 때문입니다. 여러분은 그것들에 시간이 있다는 것을 어떻게 아나요? 모든 일들은 시작과 끝이 있기 때문에 시간이 있는 것입니다. 우리 이생을 예로 들자면, 시작은 우리에게 태어남입니다. 그러고 나서 우리는 지금 중간의 단계에 있습니다. 죄송하게도 여러분들에게 여러분은 천천히 늙어가고 있고, 마지막에는 미래에 우리들은 죽을 것이라고 말해야 합니다. 이렇게 처음, 중간, 마지막이 있습니다. 이것이 바로 시간입니다. 그것은 변하고 있습니다. 매일 매일 변하고 있습니다. 여러분의 신체뿐 아니라, 모든 사찰들도 변하고 있습니다. 모든 육도 윤회도 변하고 있습니다. 매분 매초 변하고 있습니다. 바로 지금, 현재는 변하고 있습니다.

60년 전에, 많은 과학자들은 원자를 연구했습니다. 불교에서는 미진微塵이라고 말합니다. 그들은 원자들은 항상하고 변하지 않는 것이라고 여겼습니다. 그러나 60년 후 원자들 역시 변하고 있다는 것을 발견했습니다. 과학자들 역시 이 원자들이 변하고 있다고 인정하였습니다.

우리는 '무상'을 두 부분으로 나눌 수 있습니다. **첫째는 거친 상속相續 무상이고, 둘째는 세밀한 찰나 무상입니다.** 방금 전에 나는 미세한 '찰나 무상'을 언급하였는데, 1분 1초 모두 변화하고 있는 무상입니다. 지금 언급하는 것은 거친 '상속 무상'인데, 우리가 태어나서부터 사망에 이르는 것을 가리킵니다. 아주 큰 변화이고 과정이 비교적 긴 무상입니다. 예를 들면 마치 이 대법당과 같습니다. 대략 새벽 3시 전후에는 한 사람도 없지만, 지금 같은 경우, 가득 찹니다. 1시간 반 정도 지나면, 온 법당이 또 완전히 한 사람도 없게 됩니다. 이것이 바로 무상의 현상입니다.

참선 수행에 있어서 '무상'은 매우 중요합니다. 더욱이 초심자 입장에서 그렇습니다. 일단 무상을 명료하게 이해할 수 있다면, 여러분은 각종 고통·긴장·번뇌 등의 문제들을 이해할 수 있습니다. 왜냐하면 평상시 우리는 결코 '무상'을 받아들이길 원하지 않기 때문입니다. 우리의 강렬한 '집착', 더욱이 바깥 경계와 외적인 현상에 대한 강렬한 집착 때문입니다. 우리는 '그것이 충분히 지속되고 항상하기를' 희망합니다. 그러므로 우리는 무상을 받아들이지 않습니다. 사실 외적인 이러한 현상들은 그 자체가 바로 무상합니다. 그런데 우리 자신의 알아차림이 오히려 항상하다고 여깁니다. 이 때문에 이러한 내적인 알아차림과 항상한다는 인식이 외적인 무상한 현상에 더해집니다. 그래서 이 둘이 서로 맞지 않게 됩니다.

여기에서 이야기 하나를 하겠습니다. 존자님이 나에게, "이야기를 많이 해주셔야 합니다. 특히 나의 평상시 이야기를 해야 합니다"라고 말씀하셨기 때문입니다. 사실 두 가지 이야기가 있습니다.

내가 뉴욕에 있을 때 한 노부인을 우연히 만난 적이 있습니다. 그녀는 나에게 와서 울면서 말했습니다. "오! 린포체님, 저는 매우 고통스럽습니다. 모든 것이 다 눈에 거슬립니다. 제 얼굴에 특히 주름이 많이 있습니다. 저는 거울을 볼 때 온통 주름입니다. 저는 이 주름들을 원망합니다. 거울을 볼 때 심지어 화가 나서 거울을 깼습니다. 그러나 다음 날 또 거울을 사왔습니다. 주름이 또 여전히 거기에 있더군요. 제가 어떻게 해야만 할까요?"

그래서 나는 그녀에게 '무상'의 도리를 가르쳤습니다. 나는 그녀에게 알려주었습니다. "당신은 무상을 받아들여야 합니다." 내가 무상의 이치를 설명한 후, 그녀 역시 좀 편안해졌습니다. 왜냐하면 그녀는 자신에게 다른 측면의 사고가 있고 또한 적어도 의지할 것이 생겼다고 느꼈기 때문입니다. 이 때문에 우리는 자기 몸의 무상을 받아들여야 합니다. 우리는 젊었을 때는 아주 좋았습니다. 우리는 많은 일을 할 수 있습니다. 나이가 들어서는 할 수 없는 것들입니다. 그러나 마찬가지로 우리는 나이가 들었을 때, 젊었을 때는 할 수 없었던 일들이 많이 있습니다. 우리에게는 많은 가능성이 있습니다. 여러분이 가능성에만 집착하거나 가능성을 높이기를 바랄 뿐이라면 그것은 불가능합니다. 여러분이 단지 가능성을 높이는 집착한다면 다른 가능한 기회와 가능성을 볼 수 없습니다.

젊었을 때 누릴 수 있는 풍경이 있고, 중년과 노년에 누릴 수 있는 더욱 다른 단계가 있습니다. 마치 노부인들 얼굴에는 주름이 많이 있지만 그녀들의 미소가 거기에 있어서 보기에도 특별하게 아름답습니다! 티벳의 노부인들 얼굴에도 많은 주름이 있습니다. 그녀들은 손에 마니차를 들고 입으로는 '옴 마니 반메 훔'을 염송합니다. 만면에 미소를 지은 채 주문을 외우고 거기에 있습니다. 그녀들을 볼 때 당신은 느낄 수 있을 것입니다. '와! 이렇게 아름답다니.'

▌4공가행의 셋째: 인과와 업

우리가 위에서 말한 것은 '무상'입니다. 이어서 세 번째 '인과와 업'을 말하겠습니다. 모든 것은 여러 가지 '인과'에 의지합니다. 일체는 하나하나의 상호 의존으로 생겨납니다. 때문에 항상하고, 유일하고, 독립적으로 스스로 존재하는 '나'는 없습니다. 마치 일체의 현상이 하나의 '인因'에 의지하여 생겨나는 것과 같습니다. 인이 없으면 과果라는 것은 없습니다. 모든 과는 늘 인에서 결정됩니다. 이것이 바로 '업'입니다.

▌4공가행의 넷째: 윤회의 고통

마지막은 '윤회의 고통'입니다. 우리는 윤회에 두 가지 본질이 있다고 말할 수 있습니다. 하나는 세속제의 본질이고, 하나는 승의제의 본질입니다. 세속제의 본질로 본다면, 윤회의 본질은 고통입니다. 승의제로써 말한다면, 윤회의 본질은 고통을 초월했다는 것입니다. 우리는 반드시 '고통이 바로 고통이다'라는 것을 인식해야 합니다. 일단 여러분이 그것을 알고 난 후라면, 이것은 아주 좋은 방법입니다. 고통 속에서 해탈을 얻게 할 수 있습니다.

마치 인도에 많은 호랑이와 표범이 있는 것과 같습니다. 지금 어떤 사람이 당신의 대문 뒤에 숨어 있습니다. 그는 호랑이 가면을 쓰고 호랑이 모습으로 분장하고서 당신을 놀래키려고 기다리고 있습니다. 당신은 이 사람이 문 뒤에 숨어있는 것을 모릅니다. 당신이 막 이 대문을 나가려고 할 때, 당신은 아주 홀가분하게 나갈 것입니다. 심지어 입으로 노래를 부르면서, 팝송·중국 노래 혹은 티벳 노래 상관없이 흥얼거리면서 막 나가려고 준비합니다. 당신이 이 문을 지날 때, 당신의 친구가 갑자기 뛰어나와 당신을 놀래킵니다! 당신은 아마도 "세상에, 맙소사!" 혹은 "아미타불!"이라고 말할 것입니다. 혹은 "까르마빠 켄노!"일 것입니다.(대중이 웃는다!)

당신이 갑자기 놀라게 된 그 순간, 아마 느낌이 있을 것입니다. 진짜 호랑이를 만나서 깜짝 놀랐다고 여길 것입니다. 그러나 그 전에 당신이 이미 당신의 나쁜 친구가 문 뒤에 숨어 있고 당신을 놀래키려고 한다는 것을 알았다면, 당신이 안에서 나가더라도 완전히 영향을 받지 않을 수 있습니다. 그대로 입으로 노래를 부를 수 있습니다. 그러고 나서 당신의 나쁜 친구가 갑자기 뛰어나와 놀래키는 그때, 당신의 반응은 "하하!"라고 두 번 웃는 소리일 수 있습니다. 동시에 당신은 또한 계속 노래를 부를 수도 있습니다. 그러나 당신의 나쁜 친구는 한 번 놀래킨 것이 충분치 않다고 여길 수 있습니다. 또 다시 한번 놀래키려 합니다. 그러나 당신은 여전히 놀라지 않을 것입니다. 그 자신이 아주 피곤하게 되는 것일 뿐 당신은 전혀 놀라지 않을 것입니다. 당신의 나쁜 친구가 더 많은 나쁜 친구를 데리러 가서, 3명·4명·5명이 놀래키러 왔을 때, 당신은 도리어 더욱 충분히 알 수 있습니다. 이것은 '진짜가 아니야, 저것도 진짜가 아니야, 이것 역시 마찬가지로 진짜가 아니야. 도리어 당신이 이것들 모두가 진짜가 아니야'라고 확신하도록 돕습니다. **그러므로 누가 고통을 만들고 있습니까? 스스로가 고통을 만들**

고 있습니다, 당신의 마음이 고통을 만들고 있습니다.

때문에 우리의 '마음'은 마치 국왕과 같습니다. 우리의 몸과 말 및 밖으로 드러나는 행위는 마치 총리와 같습니다. 그러나 현재 이 시대는 마치 총리의 일이 국왕의 일보다 더 중요한 것 같습니다. 우리는 아마도 말할 수 있을 것입니다. 마음이 총리대신 같고, 몸·말과 외적인 행위 등은 노동자 같다고. 어떻게 말하든지, 존자님께서 기왕에 비유를 하셨으니, 어떻게 말한다 해도 괜찮습니다. 그러나 우리의 마음이 가장 중요합니다.

또 우리가 '보드가야의 가피—감기'를 말하는 것과 같습니다. **만약 당신이 보드가야의 이 '감기'가 귀하다고 인식한다면, 죄업과 장애를 깨끗이 제거할 수 있습니다.** 당연히 이 의미는 당신이 의사에게 가지 않아도 된다는 것이 아닙니다. 당신은 당연히 의사에게 가야 합니다. 그러나 병이 즉시 낫지 않을 수 있습니다. 그러므로 당신은 당신의 병이 '좋은 것이다'라고 인식할 수 있습니다. 당연히 나는 말합니다. 이른바 "보드가야의 이 가피!" 이것은 농담입니다.

예를 들면, 어떤 사람들은 더운 날씨를 좋아하지 않습니다. 문을 나서자마자 '아이고! 숨을 쉴 수 없겠는 걸.' 그러고 나서 각종 물건을 찾아 자신을 좀 시원하게 하려고 합니다. 늘 손으로 물건들을 들고서 바람을 일으킵니다. 또 한 방울 두 방울 땀을 흘리면, 바로 '엉망진창이군! 죽을 것 같아'라고 여깁니다. 또 어떤 사람들은 추운 것을 싫어

합니다. 그래서 날씨가 조금 서늘해지거나, 한두 방울 비가 떨어지거나 자기 머리에 눈이 내리면, 바로 '엉망진창이군! 죽을 것 같아'라고 생각합니다.

그러나 만약 여러분이 아주 좋고 훌륭한 의사를 만났는데, 그 의사가 당신에게 건의하길, "당신은 사우나를 해야 합니다. 그것이 혈액 순환에 도움이 됩니다. 심지어 당신의 심장·혈액 순환·건강 등에 모두 도움이 됩니다"라고 합니다. 그가 사우나를 건의할 때, 당신이 이 의사를 믿기 때문에 바로 사우나 치료를 하러 갑니다. 의사가 또 당신에게 말하길, "만약 땀을 흘릴 수 있다면, 더욱 좋습니다. 그것은 당신이 건강하다는 것을 나타냅니다"라고 합니다. 당신은 '땀을 흘리는 것은 좋은 거야'라고 여기고, 사우나를 갔습니다. 매우 덥습니다! 심지어 바깥의 날씨보다 더 덥습니다. 그러나 당신은 아마도 '와! 정말 좋은데! 화끈해! 이 무더움이 정말 좋아!'라고 생각할 것입니다. 그러고 나서 즉시 시험해보려고 합니다. 자기에게 땀이 났는지 아닌지를. '와! 땀이 났어! 대단해! 이건 내가 건강한 신체를 가지고 있다는 거야.' 당신의 마음과 느낌은 완전히 바뀌었습니다. 당신은 심지어 많은 돈을 지불하고서 그 무더위를 향유하길 바랍니다. 당신은 또 시간을 특별히 안배해서 이 무더위를 받으러 가려고 합니다.

아마도 의사는 또 건의할 것입니다. "사우나를 할 때, 즉시 찬물 속으로 뛰어 들어가야 합니다. 이렇게 하는 것이 당신의 신체 건강에 더욱 좋습니다." 그래서 당신은 사우나를 할 때, 즉시 찬물 속으로 뛰어

듭니다. 그때, 당신은 '오! 이것도 아주 좋은데!'라고 느낄 것입니다. 평상시 아마도 조금 덥거나, 약간의 땀을 흘리면, 바로 '오! 나 지금 죽을 것 같아'라고 느낄 것입니다. 혹은 한두 방울 비가 당신의 머리에 떨어지면, 바로 '오! 추워 죽을 것 같아'라고 느낍니다. 그러나 사우나에서 땀을 흘리거나 찬물에 뛰어들 때, 당신은 '오! 나는 이 때문에 더욱 장수할 거야'라고 느낄 것입니다.

이 때문에 우리의 '마음'은 국왕과 같습니다. 그러나 당연 '마음'은 몸과 말에 의지해야 합니다. 오직 마음일 뿐이라고 여기에서 결코 말하는 것이 아닙니다. 여기에서는 '몸·말·마음'을 포괄합니다. 그러나 가장 중요한 것은 바로 우리의 마음입니다.

또 다른 비유를 들어 이야기하겠습니다.

내가 미국 샌프란시스코에 있을 때, 금문교를 참관했습니다. 나는 다리를 걸으면서 참관을 했는데, 옆 사람이 말하였습니다. "매달 많은 사람들이 이 다리에서 뛰어내려 자살을 합니다"라고. 그러나 그곳에는 또한 많은 방비가 있고, 많은 경찰이 순찰을 돕니다. 자살을 하고 싶어 하는 사람들은 경찰을 피해 도망갈 것이고 경찰이 없는 것을 보자마자 바로 뛰어내릴 것입니다. 그들이 경찰을 피하는 이유는 경찰에게 잡혀 죽지 못하게 되는 것을 두려워하기 때문입니다. 그러나 평상시 우리는 오히려 죽는 것을 매우 두려워합니다. 그러므로 여기에서 또 마음으로 돌아왔습니다. 여러분들이 신체에게 하는, 가장 나쁜 일은 바로 죽음입니다. 당신의 마음이 당신의 신체에게 "괜찮아"라고 말할 때, 당신 역시 당신의 신체를 죽게 할 수 있습니다.

그러므로 우리는 이 네 가지를 분명하게 알아야 합니다. 바로 방금 말한 것입니다. **첫째는 보물 같은 사람 몸, 둘째는 무상, 셋째는 인과와 업, 넷째는 윤회의 고통입니다.** 우리가 이 네 가지를 충분히 인식할 수 없다면, 우리는 자승자박으로 많은 고생을 스스로 초래할 것입니다. 일단 우리가 분명하게 이해할 수 있다면, 해탈을 얻을 수 있는 많은 출구와 방법이 있습니다.

이상은 공통의 네 가지 가행, 마음을 바꾸는 네 가지 사유에 대한 기본적인 소개입니다. 그러나 이 넷 안에서, 저것이 첫 번째, 혹은 저것이 두 번째 입니까? 일정한 것이 없습니다. 어떤 사람들은 아마 비교적 무상으로부터 명상 수행을, 어떤 사람들은 보물 같은 사람 몸으로부터, 혹은 인과와 업으로부터, 혹은 윤회의 고통으로부터 수행을 시작하길 좋아합니다. 이 모두 일정한 게 없습니다. 자기가 좋아하는 것에 따릅니다. 이것 역시 오늘 오전 존자님께서 언급했던 부분입니다.

▌4불공가행

'공통으로 하지 않는 예비수행'의 수행은 먼저 반드시 관정을 받아야 합니다.

1. 귀의 오체투지

우선, 모든 행위가 법에 맞게 되는 귀의와 발보리심은 좌복에 앉아 수행할 때와 좌복에서 일어나 쉴 때 둘로 나뉜다.

여기에서 강의하는 것은 '공통으로 하지 않는 예비수행'의 수행입니다. 방법에는 두 가지가 있습니다. 첫째는 좌복에 앉았을 때의 수행이고, 둘째는 수행 사이의 수행을 가리키는데, 좌복에서 일어나 쉴 때의 수행입니다.

첫 번째는 좌복에 앉았을 때의 수행입니다.

첫 번째, 좌복에 앉았을 때에는 세간과 기타 희론의 모든 행위들을 끊어야 한다. 편안한 방석에 앉아 몸을 반듯하게 한다.

이에 대하여, 존자님께서는 오전에 역시 개인의 경험을 언급하셨습니다. 우리는 존자님이 깨달은 분이지만, 보통 사람처럼 나타내 보이심을 압니다. 이 때문에 존자님은 결코 말씀하지 않습니다. "나는 붓다이다. 나는 특수한 능력을 갖추었다. 나는 무슨 본존을 보았다. 나는 어떠한 힘을 갖추고 있다." 결코 이렇게 말씀하지 않습니다. 특히 금강승에 있어서 우리는 이러한 것들을 언급하지 않습니다. "나는 붓다이다. 나에게는 어떠한 힘이 있다." 혹은 "너는 무슨 문제가 있는데, 내 가피로 네가 이 문제를 해결하도록 도울 수 있다." 혹은 "나에겐 어떤 신통이 있어서, '훔!' '훔!' '훔!' 몇 번하면, 너의 문제를 해결할 수 있다"라고. 금강승에서는 이러한 것들을 언급하지 않습니다. 왜냐하면, 우리에겐 비밀 서언계가 있어서 지켜야 하는 비밀들이 있기 때문입니다. 만약 여러분들이 "나에게 어떤 신통이 있어 혹은 어떤 힘·에너지·감응 등이 있어"라고 말한다면, 여러분들에게 어떤 문제들이 생기게 됩니다.

오늘 오전 존자님께서는 "최근 기원 법회의 여러 일로 매우 바빴는데 안정을 취했을 때 마음이 산란한 것을 느꼈다"라고 언급하셨습니다. 존자님의 방법은 **정식으로 좌복에 앉아 수행하기 전에, 먼저 느슨하게 하여 자신을 좀 안정시키는 것입니다. 여러분은 좌복에 앉아 수행하기 전에, 역시 5분에서 10분 정도 느슨하게 할 수 있습니다. 시간이 없으면 5분도 좋고, 3분도 좋습니다! 심지어 1분도 좋습니다.** "허" 이렇게(린포체께서 한숨을 풀어주는 모습을 한다). 아마 라디오를 켜거나 음악을 틀거나 노래를 좀 부를 것입니다. 만약 여러분이 보통 평범한 사람이라면, 노래를 부를 수 있습니다. 그 후 수행을 시작합니다.

수행의 방법에는 두 가지가 있습니다. 첫 번째는 몸을 제어하는 자세를 섭지하는 것이고, 두 번째는 마음을 단속하는 방법을 섭지하는 것입니다. 이해합니까?

첫 번째 방법은 우선 마음을 닦아야 합니다. 마음을 제어하는 것으로부터 여러분의 마음을 바꾸어, 자연스럽게 천천히 몸을 제어하는 것으로 바꿀 수 있습니다. 우리는 이러한 방식을 '마하무드라 해탈도' 수행이라고 부릅니다.

두 번째 방법은 먼저 여러분의 몸을 제어하고 더 나아가 내재하는 마음을 바꾸는 것입니다. 마치 '나로육법'의 많은 기·맥·명점 등의 수행과 같습니다. 이 법본에서 몸의 '7지 좌법'을 말한 적이 있습니다. 이 7지 좌법 역시 '나로육법'의 한 부분입니다. 당연히 이것은 마하무드라의 수행에서도 필요합니다.

▌7지 좌법

1. 두 다리는 금강 가부좌를 한다

다리는 마치 석가모니불상처럼 가부좌를 해야 합니다. 만약 여러분이 이렇게 할 수 있으면 좋습니다. 할 수 없어도 상관없습니다. 천천히 금강 가부좌를 할 수 있을 때까지 연습합니다. 그러나 너무 아프다면 가부좌를 할 필요는 없습니다. 너무 아픈데 억지로 가부좌를 해야 한다면, 마음을 느슨하게 할 수 없습니다. 또한 반가부좌를 해볼 수 있고, 평좌를 할 수도 있습니다.

2. 두 손은 선정인을 한다

오른손은 위에, 왼손은 아래에 놓고, 두 엄지손가락을 가볍게 맞닿아서 '선정인'을 맺습니다. 그러고 나서 느슨하게 대퇴부에 놓습니다. 바싹 조여서는 안 됩니다. 만약 조인다면, 30분 후에는 온몸이 쑤실 것입니다.

3. 등은 화살처럼 곧게 한다

몸이 앞으로 기울거나 뒤로 젖혀서는 안 됩니다. 앞으로 기울면 천천히 잠들 것입니다. 화살처럼 곧게 해야 합니다. 요추 아래를 조금 앞으로 내밀어 곧게 합니다. 그러나 어떤 때에는 좀 앞으로 혹은 좀 뒤로 해도 모두 괜찮습니다.

4. 어깨·팔은 가볍게 놓는다

팔과 몸 사이에는 약간의 공간이 있게 합니다. 다만 자연스럽게 느슨히 할 뿐입니다. 어떤 사람들은 팔의 근육이 특별히 큽니다. 그 사람이 팔과 몸 사이에 공간을 둘 수 없다면, 그것 역시 상관없습니다. 전통적으로, 우리는 그것을 붕새의 날개 같다고 말합니다. 마치 날아가려고 하는 것처럼 양 어깨를 크게 벌립니다(이때 린포체께서 마치 새의 날개가 날고 있는 것처럼, 그의 어깨를 흔듭니다). 그러나 여러분들은 이렇게 흔들어서는 안 됩니다.(대중이 웃는다)

내가 전에 파리에 있었을 때, 어느 날 아침, 공원으로 산책을 나갔습니다. 그때 어떤 사람이 공원 풀밭에 앉아 동쪽을 향해 태양을 보고 있었습니다. 그러고 나서 그는 팔을 끊임없이 앞뒤로 흔드는 동작을 했습니다. 그가 나를 보았을 때, 나에게 "하이!"라고 했고, 나 역시 그에게 "하이!"라고 했습니다. 그리고 그가 물었습니다. "당신은 불교 승려입니까?" 나는 "그렇습니다"라고 대답했습니다. 그는 또 물었습니다. "당신은 때때로 참선을 합니까?" 나는 대답했습니다. "네." 그는 물었습니다. "느낌이 어떻습니까?" 나는 대답했습니다. "아주 좋습니다." 그 사람이 말했습니다. "나도 참선 수행을 아주 좋아합니다. 그러나 문제가 있어서 줄곧 나를 곤란하게 합니다." 그래서 나는 물었습니다. “무슨 문제입니까?” 그가 말하였습니다. “참선을 할 때 늘 끊임없이 팔을 흔들어야 합니다. 나는 이것을 좋아하지 않습니다. 이것이 늘 나를 괴롭힙니다.” 그래서 나는 물었습니다. “당신은 어디에서 배웠습니까? 참선할 때 이 모양을 해야 한다고 말합니까?” 그는 말하였습니다. “책에서 배웠습니다.” 그래서 나는 또 물었습니다. “어떤 책에서 이렇게 썼습니까?” 그는 책에서 “참선할 때, 두 팔은 붕새의 날개처럼 해야 합니다”라고 쓴 것을 보았기 때문에 이렇게 하고 있다고 말하였습니다.

5. 목은 느슨하면서 곧게 한다

이것 역시 매우 중요합니다. 목을 똑바로 곧게 해야 합니다. 마치 머리의 중량이 이렇게 자연스럽게 목 위에 놓인 것 같습니다. 느슨하게 하고 많이 조여서는 안 됩니다. 너무 조이면 마치 기계 같을 것입니다. 여러분의 목은 수시로 돌릴 수 있습니다. 목은 가장 많은 문제를 일으킬 수 있습니다. 일단 시작하면, 여러분은 아마도 곧게 할 수 있을 것입니다. 그러나 조금 지나면 비뚤어집니다. 특히 세 문화에는 세 가지 다른 잘못된 문제가 있습니다. 첫째 잘못은 중국인들과 관련된 것이고, 둘째는 티벳인, 저 역시 티벳인입니다. 셋째는 서양인의 문제입니다.

대부분의 서양인들은 목을 뒤로 쳐들고, 가슴은 아래로 굽히고, 머리는 뒤로 쳐듭니다. 그러고 나서 컴퓨터를 합니다. (린포체께서 일부러 몸은 뒤로 쳐들고, 등을 굽힌 채, 손으로 컴퓨터를 치는 모습을 시범 보이셨다. 대중이 웃었다!) 서양인들은 참선을 할 때 '맑고 넓은 것'을 생각합니다(린포체는 이어서 만면에 미소를 띠고 입꼬리는 위로 올라간 모양을 했다. 대중이 웃었다!). 그러면 중국인은? 이렇습니다(린포체는 아래턱을 안으로 움츠리고, 두 눈은 꼭 닫고, 입가는 아래로 내린 모양을 했다. 대중이 웃었다!). 티벳인들은? 나는 말해서는 안 됩니다. 왜냐구요? 나 자신도 티벳인이기 때문입니다. 그래서 말하지 않겠습니다. 농담입니다. 나는 말할 것입니다. 이렇습니다(린포체는 몸이 좌우로 흔들거리는 모양을 했다. 대중이 웃었다!). 여기에 다른 라마가 없어야 합니다! 하하! 나 자신 역시 이러한 문제가 있습니다. 그러므로 여러분은 지금 아주 기억하기 쉽습니다!

6. 입은 자연스럽게 가벼이 닫고, 혀끝은 경구개에 닿게 한다

평평하게 놓습니다. 너무 크게 벌려도 안 되고 너무 꽉 다물어도 안 됩니다. 자연스럽게 유지합니다. 혀끝을 조금 가볍게 위쪽 잇몸에 닿게 하면 됩니다. 할 수 없어도 괜찮습니다.

7. 두 눈은 가볍게 긴장을 풀어 앞쪽을 본다

자연스럽게 합니다. 평상시처럼 뜹니다. 멀리 볼 필요가 없습니다. 그러나 너무 가깝게 볼 필요도 없습니다. 너무 가까우면 싸움닭의 눈이 될 것입니다. 역시 불필요합니다.

▮'귀의처' 관상

> 자기 앞 허공에 스승 지금강불이 계시는데
> 뜻과 가피를 전하고 법연 있고 믿음을 주는 스승들이 에워싸고 있습니다.
> 그 앞쪽은 본존, 오른쪽은 부처님입니다.

지금 여러분의 앞쪽을 관상합니다. 여러분의 미간 바로 정면을 바라봅니다. 큰 법좌 하나가 있습니다. 매우 큽니다. 여러분이 그것을 바라볼 때, 완전한 모습을 볼 수 있습니다. 그러나 여러분이 법좌에 다가갔을 때, 그것은 매우 크게 변해서 심지어 그 끝을 볼 수 없을 정도입니다. 끝이 없습니다. 그러나 이것은 단지 우리 마음속의 관상일 뿐입니다. 부처님은 경전에서 "삼천대천 세계를 작은 겨자씨 안에 넣을 수 있다. 이 겨자씨는 일찍이 크게 변한 적이 없다. 삼천대천 세계 역시 이 때문에 작게 변하지 않을 것이다"라고 말씀하셨습니다. 이와 같습니다. **이러한 관상은 우리가 '지止의 참선 수행'을 하는데 도움을 줍니다. 왜냐하면 '지의 참선 수행'을 할 때, 우리는 정념을 유지하는 것이 필요하기 때문입니다.** 정념이 없다면, '지의 참선 수행'을 할 수 없습니다.

여러분은 오전에 존자님께서 말씀하신 4마리 사자 혹은 8마리 사자가 받치고 있는 법좌처럼 상상할 수 있습니다. **4마리 사자가 나타내는 것은 사무외입니다. 사성제라고 말할 수도 있습니다. 8마리 사자가 나타내는 것은 팔자재 공덕입니다. 팔정도라고 말할 수도 있습니다.** 매우 넓은 이 사자 법좌 위 중앙에 작은 사자 법좌 하나가 있습니다. 이 작은 사자 법좌 위에 연꽃이 있고, 연꽃 위에 해와 달의 방석이 있습니다.

해와 달은 평평합니다. 마치 전병과 같습니다. 여러분이 배고프다면 몇 입 먹을 수도 있습니다. 농담입니다! **이 해와 달은 지혜와 방편을 나타냅니다.** 이 위에, 지금강불이 앉아계십니다. 이 지금강불은 네 가지 특징이 있습니다. 오전에 존자님께서도 말씀하셨습니다. 우리는 스승 지금강불에 네 가지 특성이 있음을 관상해야 합니다. 첫째, 그는 우리의 근본 스승·은혜가 있는 은사입니다. 둘째, 까르마빠입니다. 셋째, 석가모니불입니다. 넷째, 밀승의 각도에서 보자면, 밀승의 교주, 바로 금강총지 혹은 지금강불입니다.

두 번째는 자신의 전승 조사를 관상해야 합니다. 예를 들면, 겔룩파 같은 경우, 그들이 관상하는 것은 교파 창조자인 쫑카파 대사입니다. 그러면 우리 까규파, 까르마 까규는 관상할 수 있는 것이 까르마빠 뒤숨켄빠입니다. 그는 교파의 아버지 · 교파의 조사와 같습니다. **세 번째는 우리 전체 불교의 스승, 바로 석가모니불입니다. 그는 마치 전체 불교의 아버지와 같습니다. 네 번째는 밀승의 교주, 바로 지금강불입니다.** 그러므로 우리는 중간의 지금강불을 관상할 때, 이 네 가지 특성을 갖추고서 관상해야 합니다. **까르마빠를 관상한다면, 모든 까르마빠 전승의 까르마빠 조사를 모두 관상할 수 있습니다.**

이전의 긴 의궤 『4불공가행』 수행 의궤집에서는 전체 '귀의처'가 나무라고 관상해야 한다고 말합니다. 그러나 **여기에서는 나무를 관상할 필요가 없습니다.** 여러분은 단지 법좌를 관상해야 할 뿐입니다. 여기에서 계속 관상합니다. 앞쪽에 본존이 있습니다. **전체 사자 법좌 가운데에**

지금강불이 계시고, 그 앞쪽에 본존, 예를 들면, 금강해모 같은 본존이 계십니다. 우리가 관상해야 하는, 이른바 본존이 가리키는 것은 우리 자신의 '종성種性' 모습과 부합 상속相續하는 본존입니다. 이외에 **오른쪽은 불보입니다. 여기에서 우리가 관상해야 하는 것은 '화신불'입니다. 예를 들면, 가운데가 석가모니불 등의 화신불입니다. 그리고 뒤쪽은 법보, '정법'입니다.** 이 정법에는 여러 법이 있습니다. 여기에서는 특히 경전의 모양으로 형상화합니다. 때문에 관상하는 것이 경전과 같습니다. **왼쪽에는 승가가 있습니다. 여기에서 가리키는 것은 '보살 승가'입니다. 여러분은 8대 보살을 상상할 수 있습니다.** 세세한 부분을 걱정할 필요는 없습니다. 여기에서 **가장 중요한 것은 여러분이 이 일체 불보살님들을 느끼고 알 수 있다는 것입니다. 그들은 바로 여러분 앞에 계십니다.**

그러므로 걱정할 필요가 없습니다. '그들의 수는 얼마지? 그들은 도대체 어떤 모양이지? 그들은 도대체 누구야? 나는 그들을 모르는데. 나는 또 어떻게 기도하고 수행하지?' 이렇게 걱정할 필요가 없습니다.

그러고 나서 앞쪽의 넓은 법좌 조금 아래, 바로 그들의 아래쪽 전방에서, 일체 중생을 데리고 함께 기도하고 수행합니다. 중생들은 여러분을 에워싸고 있습니다. 당연히 일반적인 경전에서는 말할 것입니다. **"오른쪽은 아버지 및 아버지쪽의 권속에 속한다. 왼쪽은 어머니 및 어머니쪽의 권속에 속한다. 앞쪽은 너의 적이다. 뒤쪽에는 일체 중생이 있다."** 이것은 상관없습니다. 가장 중요한 것은 가운데에 있다는 것입니니다. 여러분은 가운데 조금 높은 곳에 있습니다. 그러고 나서 아래를 내려다봅니다. 일체 중생 모두를 볼 수 있습니다. 그들은 각자 자신의 모습입니다. 예를 들면, 개 한 마리가 저쪽에 있습니다. 아마도 꼬리를 흔들고 있을 것입니다. 여러분이 기도할 때, 역시 자신의 손을 합치고 함께 기도합니다. 그들은 각자의 모습 그대로 일 수 있습니다. 우리들은 또 '개가 어떻게 왕! 왕! 짖으면서 기도하지.' 혹은 '소가 소 울음소리를 내면서 기도해야 하나'라고 걱정할 필요가 없습니다. 우리는 그렇게 많은 세세한 부분을 지나치게 걱정할 필요가 없습니다. 마치 오늘 오전 존자님께서 말씀하신 것과 같습니다. "여러분은 너무 지나치게 자신의 5근에 주의를 기울여서 지나치게 5근을 따르거나, 5근의 알아차림에 영향을 받을 필요가 없습니다." 그러므로 근본적으로 걱정할 필요가 없습니다. '개가 어떻게 일어서서 오체투지를 하나, 그 모습이 이상하지 않아?' 이러한 것들을 걱정할 필요가 없습니다. 이외에, 또한 모든 중생이 사람 몸의 형태로 나타나서, 함께 여러분을 따라 예비수행 '귀의 오체투지'를 한다고 관상할 수 있습니다.

▎회향문▎

세 가지 장애의 모든 번뇌를 소멸시키길 바랍니다.

지혜가 참되고 밝아지기를 바랍니다.

죄업과 장애 모두 소멸되어

세세생생 항상 보살도를 행하길 바랍니다.

둘째 날 수업

시간: 2006년 12월 24일
영어의 중국어 번역: 위엔쯔치

오늘은 오전에 존자님이 가르치신 내용을 복습하겠습니다. 존자님께서는 자애심·자비심, 보리심과 관련된 가르침을 많이 설명하라고 하셨습니다. 오전에 시간이 비교적 부족해서 이 부분을 설명할 시간이 없었기 때문입니다.

관상, 지관쌍운의 수행

우선 '귀의'입니다. 귀의는 티벳어로 '꺕도'라고 합니다. 티벳어의 첫 번째 글자인 '꺕'은 우리를 보호할 능력이 있는 사람이고, '도'는 우리를 보호할 사람을 찾아간다는 뜻입니다.

귀의의 대상을 어떻게 관상할까요? 존자님께서는 어제 이미 어떻게 관상하는지를 알려주셨습니다. 나는 무엇을 '관상'이라고 부르는지 다시 설명할 것입니다.

왜 관상을 강의해야 할까요? 왜냐하면 많은 사람들이 어떻게 관상해야 할지 모르기 때문입니다. 이것이 첫 번째입니다. 두 번째는 어떤 사람들은 관상의 이익을 모르기 때문입니다. 세 번째는 관상의 효과와 성과가 무엇인지 모르기 때문입니다. 그러므로 우선 어떻게 '관상'하는지를 알려드리겠습니다. 어떤 사람들은 이 요령과 금강저가 가슴에서 교차하는 것 및 각종 색깔 등등을 생각할 것입니다. 어떻게 관상해야 할까요? 나는 이 부분을 자세하게 설명하려고 합니다. 티벳 불교에서는 관상의 중요성을 매우 강조하기 때문입니다.

관상에는 많은 장점과 특질이 있습니다. 주로 두 가지로 귀납할 수 있습니다. 첫째, 우리가 지止 수행을 하는데 도움이 됩니다. 둘째, 우리가 관觀 수행을 하는데 도움이 됩니다. 우리가 하나의 수행 안에서 두 개의 기교를 완성하려고 한다면, 그것이 바로 '지와 관'이라면, 관상 수행을 해야 합니다. 어떻게 하나의 방법 안에서 지와 관을 수행할 수 있나요? **우리가 관상할 때, 마음은 반드시 밝음을 유지해야 하기 때문입니다. 이때가 바로 '지'입니다.**

우리의 마음은 때로 미친 원숭이처럼 여기 있다가, 저기 있다가 마구 날뜁니다. 이럴 때 우리는 불쾌해하거나 고통스럽습니다. 왜냐하면 스스로 자신을 항복시킬 수 없기 때문입니다. 미친 원숭이가 우리의 주인이 되고, 우리는 미친 원숭이의 노예가 됩니다. 미친 원숭이가 바로 우리의 주인이고 대장이 되었습니다. 마치 강도 두목 같습니다. 그러므로 우리는 이 미친 원숭이 같은 마음, 이 산란한 마음을 따라서 제멋대로 뛰어다닙니다. 미친 원숭이가 이게 좋다고 하면, 여러분은 따라서 "좋다"라고 말할 것입니다. 그가 "이건 틀렸어"라고 말하면, 여러분도 "맞아, 이건 틀렸어"라고 말할 것입니다.

그렇다면 우리에게는 어떠한 해결 방법이 있을까요? 어떻게 해야 이 미친 원숭이 마음을 항복시킬 수 있을까요? 좋은 방법이 있습니다! 바로 미친 원숭이의 팔과 다리를 꽉 묶고, 그런 뒤 망치로 미친 원숭이의 머리를 칩니다. 이 방법이 좋습니까? 만약 이 방법이 좋지 않다면, 나에겐 다른 방법이 없습니다! (대중이 웃는다) 나는 여러분의 대답인 "이 방법이 좋지 않다"는 것에 동의합니다. 미친 원숭이의 손과 발을 묶는다면, 더 미치게 만들 뿐입니다.

그러므로 미친 원숭이를 항복시키는 방법이 필요합니다. 바로 **'미친 원숭이 자신을 이용하여, 스스로 자신을 항복시키는 것'**입니다. 그렇다면 미친 원숭이의 자성은 무엇일까요? 예를 들어 말하자면, **항복시키는 방법은 세 가지 요소를 포함합니다. 첫째, 모습, 둘째, 그 명칭, 셋째, 그 의의입니다.**

바로 집과 같습니다. 자기 집을 생각할 때, 이때 머릿속에는 집의 이름, 집의 모습, 집에 대한 우리의 의미가 있습니다. 혹은 햄버거 같습니다. 그러므로 우리는 햄버거라는 음식을 이용하여 관상할 수 있습니다. 그것에는 햄버거라는 이름이 있고 햄버거의 모습이 머릿속에 있습니다. 또 햄버거는 먹을 수 있다는 의미가 있습니다. 중국인 입장에서 예를 들면, 처우 떠우푸(臭豆腐) 같은 경우 여러분은 그 이름, 그 모습, 그 의의를 압니다. 처우 떠우푸는 이름이 있고 모습과 의의가 있습니다. 또한 우리 머릿속에서 모습을 이룰 수 있는 인상이 있습니다. 그래서 여러분은 그것이 매우 맛있다거나 맛없다고 느낄 수 있습니다.

▌미친 원숭이를 온순한 코끼리로 길들이다

방금 말한 예를 우리가 관상하는 '귀의처'에 운용할 수 있습니다. 우리는 불상의 이 세 속성이나 귀의하는 대상을 관상할 수 있습니다. 우리는 그것의 명칭과 인상, 그 의의가 무엇인지 볼 수 있습니다. 우리 손에 든 귀의처의 사진과 같습니다. 지금 우리는 나무를 이용하여 관상하지 않습니다. 이 귀의처는 비교적 관상하기 쉽고 그렇게 복잡하지 않습니다. 방금 우리는 말하였습니다. 관상에는 요점이 있습니다. 바로 느슨하게 해야 합니다. 그러므로 관상할 때는 느슨하게 해야 합니다. 방금 말한 그 모양처럼 상상합니다.

처음 시작해서는 아마도 오래 할 수 없을 것입니다. 단지 몇 분 동안만 완전하게 집중할 수 있을 것입니다. 그러나 너무 걱정하지 마십시오. 관상을 시작했을 때 분명하게 관상하지 못하는 것을 걱정할 필요가 없습니다. 중간의 지금강불을 분명하게 관상하기만 하면 됩니다. 막 시작해서는 단지 몇 분일 수 있습니다. '지금강불… 처우 떠우푸… 햄버거… 지금강불… 지금강불… 내 집… 지금강… 나는 내일 뭘 해야 하지… 지금강불… 아! 수행은 정말… 무료해… 지금강불…….' 이러한 것은 상관이 없습니다. 초심자 입장에서 말하자면, 이것은 괜찮습니다. 천천히 지금강불이 여러분의 마음속에서 점점 분명해지고 점점 길어질 수 있습니다. 이때 미친 원숭이 같은 마음은 점점 효력이 없어지게 됩니다. 관상을 오래 유지할 수 있다면 이 미친 원숭이는 피곤해질 것입니다! 더욱이 다시 어떠한 효과를 발휘할 수 없게 되어 이 미친 원숭이는 퇴직해야 합니다. 퇴직금 없는 퇴직이라고 말할 수 있습니다.

이때 미친 원숭이는 길들어진 코끼리 같습니다. 길들여진 코끼리의 마음은 산란하지 않을 것입니다. 또한 어떠한 문제도 만들지 않을 것입니다. 코끼리의 위력은 매우 큽니다. 과학자가 말한 적이 있습니다. "시간은 잘라서 조각으로 만들기는 어렵습니다. 우리의 마음 역시 머무르기 어렵습니다." 이것은 "시간을 잠깐 잠깐으로 나누어, 우리가 그것이 거기에 머물러 있다는 것을 분명하게 알게 한 후, 우리의 마음이 그 한순간에 머물게 하기 어렵다"고 말하는 것입니다. 왜냐하면 시간은 끊임없이 흐르고 있고, 우리의 마음 역시 끊임없이 흐르고 있기 때문입니다. 우리의 마음이 잠시 '시계… 처우 떠우푸… 영화 배우… 시금치… 치즈… 인도 음식…'이라고 생각합니다. 이것은 바로 우리의 마음은 줄곧 끊임없이 이것들 위에서 흘러 돌아간다는 것입니다.

미국의 과학자인 위스콘신 대학 뇌과학 연구센터의 데이비드 리차드슨은 많은 연구를 했습니다. 콘트롤 실험조에서 최소 25명 이상의 참선 수행자를 이용하여 그들의 뇌파 반응을 테스트 했습니다. 그 결과 장기간 참선 훈련을 한 라마들은 그들의 뇌가 몇 분 동안 고요하게 정지한 상태에 머물 수 있다는 것을 발견했습니다. 그러나 일반인은 단지 몇 초 머무를 수 있을 따름입니다. 참선 수행자는 2분을 충분히 머무를 수 있고, 일반인은 단지 1,2초 머무를 수 있을 뿐입니다. 이것은 다음과 같은 사실을 의미합니다. **참선 수행을 하지 않은 상태에서 일반인의 마음은 줄곧 떠있는 상태로, 바로 진정한 자유가 없고 쉽게 불쾌함을 느낍니다. 그러나 참선 경험이 있는 사람은 자기 마음을 제어할 수 있습니다. 그래서 자아가 자유롭기 때문에 그들은 매우 즐겁다고 느낄 수 있습니다. 그들은 대뇌의 기능을 70% 발휘할 수 있습니다. 그러나 일반인은 단지 15%를 발휘할 수 있을 뿐입니다.**

▌안정을 취해서 마음의 흐름을 투명하게 한다

무엇이 참선에서 가장 중요한 요점인지, 관건이 무엇인지를 설명하겠습니다.

관상을 시작할 때, 너무 긴장해서는 안 됩니다. 반드시 우선 느슨하게 해야 합니다. 준비를 다하고 좌복에 앉아서 지금강불 관상 연습을 시작할 수 있습니다. 막 시작했을 때 너무 오래 해서는 안됩니다. 짧게 지금강불이 우리 앞에 화현했다고 관상합니다. 시작했을 때, 아마도 약간의 경험이 있을 수 있습니다. 분명하게 지금강불을 관상하고 싶은데, 관상 속의 지금강불 모습은 일그러져 있지 않은데 입이 비뚤어져 있습니다. 바로 머리가 한쪽으로 기울어져 있습니다. 이러한 일들이 모두 발생할 수 있습니다. 심지어 지금강불이 거꾸로 되어, 머리가 아래로 몸이 위로 가거나 안색이 바뀌었습니다. 이것들은 모두 발생할 수 있습니다. 그러나 모두 상관없습니다. 모두 좋은 징조라고 알아야 합니다.

왜 이 왜곡된 상황들이 좋은 징조라고 말할까요? 이유는 관상이 왜곡된 것을 관찰할 수 있을 때, 우리의 마음은 이미 천천히 안정되기 시작했고, 천천히 비교적 분명해지고 차분해졌다는 것을 나타내기 때문입니다. 이때야 비로소 우리는 우리의 마음을 볼 수 있습니다. 사실 고요한 상태에서 유지할 방법은 없습니다.

강의 흐름으로 참선 수행의 4단계를 비유합니다. 첫 번째 단계, 우리의 마음이 여름날 우기의 혼탁한 강과 같습니다. 인도의 여름 우기는 대개 7월인데, 강 속의 물은 매우 혼탁하고 세기 때문에 물은 깨끗하지 않습니다. 마치 일본의 된장국처럼 바닥을 볼 수 없습니다. 사실 물속에는 본래 많은 물고기가 있습니다. 두세 달이 지나고 우기가 지났습니다. 강물 역시 똑같은 강물입니다. 이때 물은 맑고 투명해집니다. 그래서 물속에 많은 물고기가 있다는 것을 볼 수 있습니다. 우리는 매우 놀랍다고 느낄 것입니다! 왜 이전에는 볼 수 없었을까요? 우기에 강 속은 진흙탕이기 때문에 볼 수 없었습니다.

그러므로 위의 예시처럼 우리는 걱정하지 않아도 됩니다. 그러나 이 때문에 자신이 이미 초지 보살의 과위를 얻었다고 여겨서도 안 됩니다. 또한 이러한 경계가 나타나길 기대해서도 안 됩니다. 우리가 관상한 지금강불의 모습이 귀신의 모습으로 변하였어도 두려워할 필요가 없습니다. 귀신이 몸에 다가온다거나 어떻다거나, 여기에 너무 많이 집착하거나 걱정할 필요가 없습니다. 초심자의 마음은 폭포와 같아서 본래 매우 산란하고 물보라처럼 사방으로 튑니다. 이것은 참선 수행을 막 시작했을 때의 상황입니다. 그러므로 지금강불의 얼굴이 귀신의 모습으로 변했건 변하지 않았건 간에, 이 모두 중요하지 않고 걱정할 필요도 없습니다. **가장 중요한 것은 우리가 '진실로 공경하는 마음'을 가져야 하고, 두 번째는 지금강불이 바로 우리 앞에 있음을 알아차려야만 합니다.** 그의 안색과 모습이 어떻게 변하더라도, 우리 앞에 계심을 확신하고 계속해서 수행할 수 있습니다.

두 번째 단계의 경험과 체득은 이미 폭포에서 강물로 변하였습니다. 강물은 그렇게 세지 않습니다. 아주 평온하고 조용합니다. 지속적으로 흘러가고 있습니다. 이때 우리는 더 많은 기쁨, 즐거움을 느낄 것입니다. 더 많은 믿음이 있을 것입니다. 또한 비교적 자타 분별의 생각이 없습니다. 이것이 두 번째 단계입니다.

세 번째 단계는 우리의 마음이 파도가 없는 호수처럼 고요합니다.

네 번째 단계는 우리의 마음이 숨이 멈춘 상태에 완전히 머무르는 것입니다. 하루 24시간 모두 정定의 경계를 유지할 수 있습니다. 마치 파도 없는 큰 바다와 같습니다.

▌느슨하게 관상하고, 마음의 맑음을 유지한다

이어서 여러분에게 어떻게 '관상'하는지를 가르치려고 합니다.

여러분에게 질문하겠습니다. "자기 집이 어떤 모양인지 기억할 수 있습니까? 만약 관상할 집이 없다면, 여러분이 사는 곳을 관상할 수 있습니다. 지금 여러분의 마음에 상상해낼 수 있습니까?" "됩니다."(대중이 대답한다) "좋습니다! 우리는 이렇게 자신의 집을 생각합니다. 생각하고 있습니까?" "있습니다."(대중이 대답한다) "분명합니까?" "분명합니다."(대중이 대답한다) 매우 좋습니다. 우리는 지금 자신의 집으로 관상 연습을 합니다. 우리는 자기 집을 '관상'하려고 합니다. 왜냐하면 이것 역시 '지止' 수행의 한 과정이기 때문입니다. **지 수행의 가장 중요한 점은 바로 마음의 맑음을 유지하려는 것입니다.** 그러므로 우리는 마음의 맑음을 유지시켜야 합니다. 집으로 관상하는 것이 가장 쉽습니다. 자기 집으로 관상하는 이익은 하나입니다. 바로 지의 이익입니다. 공덕을 얻을 수는 없습니다. 만약 **우리가 지금강불로 관상한다면, 동시에 두 가지 이익을 얻을 것입니다. 하나는 지를 얻는 것이고, 다른 하나는 공덕을 얻는 것입니다.** 지금 함께 연습합니다. 눈을 감습니다. 자기 집을 상상합니다.

(1분 후)

느낌이 어떻습니까?

자기 집을 '관상'할 수 있는 사람은 손을 들어주십시오(많은 사람이 손을 든다). 매우 좋습니다!

이어서 두 번째 단계입니다. 첫 번째 연습은 '상상'으로, 여러분의 집을 상상한 것입니다. 두 번째는 그 모습을 '관상'하는 것입니다.

세 번째는 '자기 집을 집중해서 생각'해야 하는 것입니다. 다른 일을 생각해서는 안 됩니다. 완전히 주의력을 집 관상에 집중해야 합니다. 마음이 다른 곳으로 뛰어갈 수 없습니다. 예를 들면, 처우 떠우푸나 햄버거 등을 생각하는 것은 안 됩니다. 단지 자기 집만 생각할 수 있습니다. 뿐만 아니라 집안에서도 욕실·부엌·침실을 생각해서는 안 됩니다. 들락날락 왔다 갔다 해서도 안 됩니다. 텔레비전을 끄고 켜는 것도 안 됩니다. 일단 시작하면, 여러분은 자신이 밖에 서서 집을 보고 있는 것을 관상해야 합니다. 그렇다면 여러분은 줄곧 집 밖에 서 있는 것을 유지합니다. 시작할 때 여러분이 집 안에 있다고 관상하면, 줄곧 집 안에서 기다리며 그 위치를 유지합니다. 시작하는 곳이 침실이라고 관상한다면, 줄곧 침실에 있는 것을 유지합니다. 기타 어떠한 것을 할 수 없습니다. 이해합니까? 이것은 참선 수행에서 매우 좋은 방법입니다. 어떠한 다른 망상이 있어서는 안 됩니다. 침실 안에 있다면 왔다 갔다 해서는 안 됩니다. 됐습니까? 이해했습니까? 다른 생각을 일으켜서는 안 됩니다. 매우 집중해야 합니다. 아주 분명하게 해야 합니다. 다른 생각이 있어서는 안 됩니다. 이 세 가지 '움직이지 않고, 분명하고, 생각이 있어서는 안 되는' 특질을 유지합니다.

(1분 후) 느낌이 어떻습니까?

얼마나 많은 사람이 세 번째 방법이 비교적 관상하기 쉽다고 느꼈

는지, 손을 드세요!(3명만이 손을 든다)

그러므로 여러분은 요점이 거기에 있다는 것을 알았습니다. 맞습니까? 요점을 알았습니까? 무엇입니까?

(어떤 사람이 대답한다) 주의를 기울여 집중해야 합니다.

틀렸습니다.

(어떤 사람이 대답한다) 느슨하게 해야 합니다.

맞습니다! 이것이 답입니다! 이것이 관건입니다. 느슨하게 해야 합니다.

첫 번째 '상상'할 때, 우리는 가볍게 상상할 수 있습니다. '집'을 상상하는 것은 아주 익숙합니다! 아주 쉽게 할 수 있습니다. 이것이 첫 번째 단계입니다. 여러분은 아마도 자기 집을 상상하는 것이 무슨 특별할 게 없다고 느낄 것입니다. 그러나 여러분이 이 생각을 일으켰을 때, 사실 이미 마음은 분산되었습니다. 이 연습을 할 때, 우리는 어떤 집착도 없고 긴장하지 않을 것입니다. 이 때문에 쉽게 상상할 수 있다고 느낄 것입니다.

두 번째 단계를 연습할 때, '관상'해야 한다고 말하였습니다. 이때, 우리는 조금 긴장하였습니다. 왜냐하면 집중해서 집에 있는 관상을 해야 하기 때문입니다. 두 번째 방법은 첫 번째 방법에서 단지 자기 집을 상상하는 것처럼 그렇게 쉽지가 않습니다. 조금 어려워졌습니다. **우리가 마음을 써 집중해야 할 때, 비교적 바싹 조여서 관상하는 것이 그렇게 쉽지 않을 것입니다.**

세 번째, **움직여서도 안 되고 생각해서도 안 되고, 산란해서도 안 되기 때문에 더욱 긴장하게 됩니다. 긴장 때문에 마음은 완전히 와해되었습니다.** 도리어 더욱 이리저리 왔다 갔다 합니다. 이 소리를 듣다가 저 소리를 듣다가 합니다. 완전히 너무 긴장했기 때문에 도리어 관상할 방법이 없습니다. **그러므로 우리는 지금강불을 관상하려고 할 때, 여러분은 첫 번째 '집 상상하기' 방법을 이용해야 합니다. 매우 느슨하게 상상하고 아울러 지금강불이 앞에 있는 것을 인식합니다.** 이렇게 하는 것이 비교적 쉽습니다.

만약 '오! 내가 지금 지금강불 관상을 시작할 거야. 지금강불이 내 앞에 계신데 관상할 수가 없어, 방법이 없어! 다시 한 번 하나 둘 셋! 지금강불, 아직도 안 되네. 지금강불 모양이 변했어!' 이런 상황이 있어도 걱정하지 마십시오. 첫 번째 방법을 쓰건 두 번째 방법을 쓰건 간에 모두 관상할 수 있습니다. 다만 세 번째 방법처럼 꽉 조이지 않으면 됩니다.

첫 번째 또는 두 번째 방법을 쓸 때, **가볍고 느슨하게 지금강불을 내 앞에 지금 화현하게 할 수 있습니다. 이때 우리는 '지'의 수행을 완성합니다. 또한 우리의 마음이 자유를 얻었다고 말할 수 있습니다. 그러나 동시에 관상해 낸 지금강불은 공성이라는 것을, 일체 나타난 것이 모두 '공성空性'이라는 것을 알아야 합니다. 이른바 '공성'은 결코 텅 비어서 아무것도 없는 것이 아닙니다. 이른바 공성의 뜻은, ①그것은 진정한 실질이 없다. ② 진정한 실질 존재가 없기 때문에 현현하는 것이 있을 수 있다는 것입니다.**

'공성' 그것은 이 두 가지 특성을 갖추고 있습니다.

예를 들면 티벳어로 '공성空性'은 두 개의 글자 '똥니'입니다. 첫 번째 '똥'의 뜻은 '공'입니다. 바로 '결코 실제로 존재하는 것이 아니다'라는 뜻입니다. '니'가 가리키는 것은 '맑다, 서로 의존한다, 현현할 수 있다'입니다. 그러므로 티벳어 '똥니'는 사실 두 가지 의미 '공과 현현'을 포함합니다. 또한 '실제로 존재하는 것이 아님과 맑아서 현현할 수 있음'입니다. 이 두 가지 의미가 함께 있어야 비로소 진정한 공성의 함의를 나타냅니다. 예를 들면 불과 뜨거움은 나눌 수 없습니다. 물과 축축함은 나눌 수 없습니다. 공성의 이중 의미 역시 나눌 수 없습니다.

지금강불의 화현을 관상하는 것은 무지개 몸과 같습니다. 그것은 고체의 몸이 아닙니다. 무지개처럼 투명합니다. 호수에 뜬 달로 비유할 수 있습니다. 달은 정말로 호수 위에 실재 존재하는 것이 결코 아닙니다. 우리의 시선은 호수 위의 달을 꿰뚫을 수 있습니다. 바로 우리가 지금강불의 몸을 꿰뚫어 볼 수 있는 것과 같습니다. 그러므로 우리 앞쪽에 10존의 부처님이 앞뒤로 배열해 있는 것을 관상한다면, 두 번째 부처님이 첫 번째 부처님에 가려지지 않을 것입니다. 왜냐하면 그것은 투명하기 때문입니다. 그래서 우리의 시선이 10존·100존의 모습을 꿰뚫어 보는데 문제가 없습니다. '관상' 부분을 다 설명하였습니다.

매우 중요한 점이 있습니다. **관상을 할 때 관상의 형상을 매우 분명하게 생각할 수 있다면, '지' 수행이 이미 성공했음을 나타냅니다. 우리가**

생각하는 모습을 분명하게 관상할 때, 이 모습은 공성이고 무지개와 같다는 것을 알아야 합니다. 만약 '공성의 인식'에 도달할 수 있다면 이는 바로 '관'을 나타냅니다. 역시 연습이 성공했습니다. 그러므로 단지 관상을 연습하는 것일 뿐이지만, '지'와 '관'의 수행 성과를 이룰 수 있다고 말합니다.

5보寶에 귀의하다

오늘 오전 존자님께서는 귀의의 다섯 대상인 '5보'를 말씀하셨습니다.

저와 일체 중생은 스승께 귀의합니다. 본존께 귀의합니다. 부처님께 귀의합니다. 정법에 귀의합니다. 승가에 귀의합니다.

스승은 중앙에 계시고, 본존은 앞쪽에, 부처님은 오른쪽에 계십니다. 스승 역시 부처님이라고 말할지라도, 여기에서는 부처님의 화신을 가리킵니다. 화신불은 오른쪽에 계십니다. 법은 뒤쪽에 있고 승가는 스승 지금강불의 왼쪽에 계십니다. 왜 여기에 호법이 없을까요?

마하무드라 관상 전승에는 두 가지 방식이 있습니다. 하나는 '호법이 있는' 관상을 하고, 다른 하나는 '호법이 없는' 관상을 합니다. 여기에서 정의하는 '지혜 호법'은 초지 이상에 오른 보살로 불과를 얻은 분들입니다. 그들은 지혜 호법의 몸으로 화현하여 수행자를 보호합니다. 이때, 그들이 맡은 역할은 하인과 같습니다. 초지 이상의 깨달음이 있어야 우리가 귀의해야 하는 호법 성중이 될 수 있습니다. 아직 초지 이상에 도달하지 않았다면 부분적인 호법 혹은 일반적인 보통 호법으로, 귀의 대상이 아닙니다. **우리가 귀의하는 세 근본은 스승·본존·호법입니다.** 또한 스승은 귀의의 주인이며 가피의 근본입니다. 본존은 친구와 같고 성취의 근본입니다. 호법은 우리의 하인과 같고 사업의 근본입니다. 어떤 호법들은 우리를 도울 수 있습니다. 하인처럼 우리 수행을 돕는다면, 우리는 지혜 호법으로 귀의처 안에서 관상할 수 있습니다. 그러나 관상하지 않을 수도 있습니다.

예를 들어 당신이 영화배우라면 남자, 여자를 막론하고 영화에서 틀림없이 각종 배역을 맡을 것입니다. 단지 각 배역이 가짜일 뿐입니다. 당신은 왜 그 연기자가 자신의 주인이 될 수 없는지를 묻지 않을 것입니다. 그는 어떤 배역으로 분장하지만 그 자신으로 분장할 수는 없습니다. 사실 영화에서 연기하는 배역일 뿐입니다. 제불보살님들은 그들이 지혜 호법으로 화현할 때, 반드시 이 지혜 호법의 배역으로 분장해야 합니다. 그러므로 그 현현하는 모습은 더 이상 부처님의 모습은 아닙니다. 마치 존귀한 존자님께서 사람의 모습으로 화현하여 우리 곁으로 올 때, 우리와 같은 모습으로 화현하는 것과 같습니다. 마치 영화 속에서 우리와 같은 역할로 분장한 것과 같습니다. 그러므로 보기엔 보통 사람 같지만, 사실 그 본질은 정말 제불보살님의 화현입니다.

귀의의 인: 믿음과 두려움

그렇다면 **'귀의의 인'은 무엇일까요? 하나는 믿음이고, 다른 하나는 두려움입니다.**

첫 번째 귀의의 원인은 우리의 '두려움' 때문입니다. 그래서 의지와 보호를 찾고 싶어 합니다. 두려움에 기초하여 귀의를 한다고 할 때, 결코 고통을 찾아서 자신을 두렵게 하려고 한다는 것을 말하는 것이 아닙니다. 이것은 쓸모 없는 것입니다. 사실, 고통을 인식하려는 것입니다. 어제 든 예처럼, **당신이 고통을 알아차렸을 때, 바로 자연스럽게 고통속에서 해탈합니다.** 어제 예로 든, 당신의 나쁜 친구가 문 뒤에 숨어 있다가 놀래키려 하는데, 여러분이 사전에 그가 위장한 것을 안다면 여러분은 놀라지 않을 것입니다. 그러므로 먼저 '고'를 인식할 수 있다면, 이것이 첫걸음이고 가장 중요합니다. 우선 무엇이 고통인지를 알았을 때, 해결의 방법을 찾을 수 있습니다. 이때 여러분은 더 이상 고통을 느끼지 않습니다.

두 번째 귀의의 원인은 '믿음' 때문입니다. 믿음에는 세 가지가 있습니다. 청정한 믿음, 바라는 믿음, 수승하게 이해한 믿음입니다. 첫째, **'청정한 믿음'은 여러분의 단순한 믿음입니다. 귀의한 후, 보호를 얻을 수 있다고 믿는 것입니다.**

두 번째 **'바라는 믿음'은 도움을 바라고 해탈하기를 바라는 것입니다. 여러분에게는 좋은 결과를 얻을 수 있다는 기대들이 있습니다.**

세 번째 **'수승하게 이해한 믿음'은 명쾌하게 이해한 귀의를 통해 자신이 해탈을 얻을 수 있음을 아는 것입니다.**

예를 들면, 아프리카의 어떤 곳에는 나무도 없고 물도 없고 온통 모래로 마치 사막 같습니다. 이때 우리는 사막을 걷고 있습니다. 나무도 물도 없는 상황에서, 3,4시간을 걸었습니다. 온몸에 땀이 흐르고 태양은 뜨겁고 바람도 뜨겁습니다. 길의 모래조차도 뜨겁습니다. 4시간을 걸었을 때, 여러분은 매우 피로하고 목말라서 물을 마시고 싶다고 느낍니다. '물 마시고 싶어! 물 마시고 싶어! 물 마시고 싶어!' 이때 여러분은 어떻게 해야만 합니까? 이 '하고 싶어! 하고 싶어!'의 느낌이 방금 말한 두 번째 '바라는 마음'입니다.

앞으로 계속 걸어갔을 때, 갑자기 먼 곳에 산이 있는 것을 봅니다. 나무를 보았고, 돌을 보았고 폭포를 보았습니다. 물이 산 위에서 쏟아져 내립니다. 이때 여러분은 즉시 기쁨으로 충만해져서 희망이 생겼다고 느낍니다. 이것은 정말 '하늘이 가피하셨어! 부처님께서 가피하셨어! 아미타불께서 가피하셨어!'입니다. 이때가 바로 방금 말한 첫 번째 '청정한 믿음'입니다. 그것은 진실로 공경하는 믿음을 바탕으로 합니다. 여러분은 조금 기다릴 줄 압니다. 여러분은 해탈할 수 있습니다. 왜냐하면 저 산과 물을 보았기 때문입니다.

더 가까이 걸어가 그 산에 도착해서 그 물을 보았습니다. 심지어 그 물을 마셨습니다. 여러분은 이 물이 얼마나 깨끗한지 압니다. 정말로 물을 마셨을 때, 세 번째 '수승하게 이해한 믿음'이 생겼습니다. 여러분은 정말 자신이 물을 마셨고, 그 물은 갈증을 해소시킬 수 있다는 것을 압니다. 이것이 바로 '수승하게 이해한 믿음'입니다.

세 번째, '수승하게 이해한 믿음'이 가장 중요합니다. 왜냐하면 분명하게 이해한 것에 기초하여 공경심이 생겨난 이유를 명료하게 이해했기 때문입니다. 그래서 여러분에게는 수승하게 이해한, 진정으로 귀의한 믿음이 생겼습니다. 진정으로 명료하게 이해하고 귀의한 믿음과 공경심이 그렇게 중요하지 않다면, 우리는 가장 궁극의 귀의 믿음을 체득할 방법이 없습니다. 그것은 맹목적인 신앙으로 변할 것입니다. 그러므로 가장 중요한 것은 세 번째, 수승하게 이해한 믿음을 충분히 이해하고 체득할 수 있어야 하는 것입니다. 세 번째 수승하게 이해한 믿음을 충분히 일으킬 수 있을 때, 사실 첫 번째, 두 번째 믿음은 자연스럽게 생길 것입니다.

▮어떻게 귀의하는가?

이어서 어떻게 '귀의'하는가를 말하겠습니다. **이른바 '귀의'는 삼보를 받아들이고, 우러르고 의지하는 것입니다.** 기도와 귀의는 사실 완전히 같은 것은 아닙니다. 만약 단지 기도하는 것이라면 이처럼 나타냅니다. '저를 도와주십시오. 또 이러한 요구들이 있습니다. 저를 도와주십시오.' 그러나 **귀의라면, 여러분은 그를 받아들였을 뿐 아니라 의지합니다. 그러므로 진정으로 믿는 것입니다. 그 자리에서 도움을 얻건 도움을 얻지 못하건 간에 여러분의 귀의한 믿음은 매우 구족具足한 것입니다.**

부처님은 우리의 스승입니다. 법은 우리의 길이고 또 우리의 진정한 보호자입니다. 승가는 우리의 반려이고 수행의 친구입니다.

▌귀의의 이익은 무엇인가?

귀의의 이익은 부처님께 귀의한 후에 우리의 모든 행위들은 더욱 힘 있게 변합니다. 설령 우리가 선업을 짓는 행위를 하고 있지 않거나 잠을 자고 있더라도, 우리의 이익은 증장되고 우리의 힘도 증장됩니다. 즉 우리가 노래 부르고 있고 텔레비전을 보고 있더라도, 악업을 짓고 있는 상황만 아니라면 공덕이 지속적으로 증장될 것입니다. 부처님께 귀의한 후, 우리의 선업은 끊임없이 증장될 것입니다. 우리가 정말로 완전히 삼보를 버리는 경우 외에는 귀의의 가피는 지속적이고 끊임이 없습니다. 예를 들면, 아직 귀의하기 전에 우리가 '아미타불'을 염송한다면, 이익이 결코 그렇게 크지 않습니다. 그러나 일단 귀의한 후라면, 단지 한 번 '아미타불'을 염송했을 뿐이라도 힘이 증장될 것입니다.

귀의의 학처에는 '공통적인 학처'와 '공통적이지 않은 학처'가 있습니다. 또한 공통적인 학처에는 둘이 있습니다. 피해야 할 세 학처와 이루어야 할 세 학처입니다. **'피해야 할 학처'에는 세 가지 해서는 안 되는 일이 있습니다. 첫째는 부처님께 귀의한 후 외도에 귀의하지 않고, 천마**天魔**에 귀의하지 않고, 기타 신에 귀의하지 않는 것입니다. 법에 귀의한 후에는 일체 악업을 버려야 하고, 다른 중생을 해치지 않아야 합니다. 승가에 귀의한 후에는 나쁜 친구를 사귀지 않고 자신을 인도자로 삼습니다.**

여러분에게 다른 사람을 해치려는 어떤 생각이 일어났을 때, 스스로 이 나쁜 생각을 멈출 수 있습니다. 이른바 다른 사람을 해치지 않는다는 생각과 나쁜 친구를 사귀지 않는다는 뜻은 결코 우리에게 각 개인의 결점을 보고 개개인이 모두 나쁘다고 여기라는 것이 아닙니다. 마음속으로부터 악업을 짓지 않는다는 것으로 변화한다는 것입니다. 악업을 짓지 않는다는 뜻은 우리의 몸·말·마음에서 모두 악업을 버리게 하는 것을 가리킵니다. '만에 하나라도 악업을 지었다면 귀의를 잃는다'라고 말하는 것은 아닙니다. 여기에서 우리를 가르치는 것은 최대한 악업을 짓지 않아야 한다는 것입니다. 어떤 사람들은 100% 완전하게 귀의계를 지킬 수 있을 것입니다. 또 어떤 사람들은 50% 할 수 있을 것입니다. 어떤 사람들은 단지 30%·10%·5% 할 수 있을 것입니다. 설령 겨우 5%를 한다 하더라도 매우 좋습니다.

▮무엇이 불·법·승인가?

누가 부처님인가? 부처님은 또 어디에 계신가?

우리는 부처님을 본 적이 없습니다. 나(린포체 자신) 역시 부처님을 본 적이 없습니다. 모두 부처님을 본 적이 없습니다. 그러나 **우리는 우리 자신의 스승을 볼 수 있습니다. 스승이 바로 부처님입니다.** 부처님은 우리를 깨달음에 이르도록 이끌 수 있고, 윤회로부터 해탈하도록 이끌 수 있어야 합니다. 그렇다면 부처님은 어떻게 우리를 인도하는가? 부처님은 결코 돌 하나를 줍는 것처럼 우리를 2층으로 던질 수 없고, 우리를 그냥 바로 성취시킬 수 없습니다. 만약 부처님이 이렇게 돌멩이 버리는 것처럼 우리를 깨달음의 경계로 던져놓을 수 있다면, 우리는 일찍이 고통·윤회·업력이 없어졌을 것입니다. 그러므로 **우리가 볼 수 있는 것이 스승인 선지식이고, 우리는 법에 의지하여 배우는 수행을 해야 합니다.**

누가 승가인가? 일체 모두가 승가입니다.

우리가 받은 가르침, 받은 관정 및 승가 대중으로부터 받은 모든 것, 예를 들면 이쪽과 저쪽 사이, 승단 사이, 사람과 사람 사이에선 서로 다투고 경쟁 등등을 해서는 안 됩니다. 이 전체 모임이 바로 '승가'입니다. 이렇게 이해한 뒤에는 '불·법·승'에 귀의하는 것이 쉬어집니다. **수행할 때 불·법·승의 공덕을 관상해야 합니다. 이렇게 할 때 우리는 스승에게 의지할 수 있으며, 법은 따라야만 하고, 승가는 가르침을 받는 곳임을 알 수 있습니다.**

존자님께서는 특히 우리에게 기대하십니다. 우리가 여기에 모일 수 있다는 것은 사실은 상당히 큰 힘을 갖춘 것이며, 우리는 상당히 큰 영향력을 갖고 있습니다. 그러므로 최대한 우리의 선한 마음과 선한 생각을 일으켜 이 세상을 위해 일할 수 있어야 합니다. 우리 힘이 충분히 크지 않다면, 단지 한 마리 개나 한 마리 새에게 먹이를 주거나, 작은 일에 착한 생각을 일으켜야 합니다. 당신의 힘이 매우 크고 또 큰 영향력을 갖고 있다면, 더 많고 더 큰 일을 해야 합니다. 그러므로 자신의 능력과 정도에 따라 우리가 할 수 있는 일을 해서 선행으로 이 세상에 공헌해야 합니다.

여기에서 '승가'는 '초지 이상의 보살승'으로, 귀의하는 대상입니다. 그러나 현실적인 측면에서는 무엇이 불·법·승인가요? 승단이 한곳에 모여 있기만 하면, 그들을 '승가'라고 부를 수 있습니다. 그러므로 '승'에는 두 가지 뜻이 있습니다.

▮정례, 7지 공양을 포함하다

이어서 우리 몸·말·마음 귀의에 관련된 '공통으로 하지 않는 부분'에 대해 말할 것입니다.

우리의 몸은 정확한 행위가 있어야 하고, 말은 바른 말을 해야 하고, 마음에는 바른 생각이 있어야 합니다. 오전에 존자님께서 이야기를 하나 하셨습니다. 어느 백정 이야기입니다. 그는 한손을 들어 합장 귀의했기 때문에 후에 사람 손을 가진 돼지로 환생했다는 이야기입니다. 그러므로 **정례의 이 동작에는 '몸·말·마음'으로 하는 정례 이외에, '7지 공양'을 포함합니다.**

7지 공양의 첫 번째가 '정례'입니다. 정례는 7지 공양의 첫 항목입니다. 이것은 제불보살님들을 기쁘게 할 수 있습니다. 이른바 '공양으로 제불보살님들을 기쁘게 한다'는 것은 결코 제불보살님께서 **여러분들이 그들에게 정례한다고 느껴서 기뻐하는 것이 아니라, 여러분의 정례가 선업**

공덕을 쌓았기 때문에 제불보살님들께서 기뻐하시는 것입니다. 그러므로 **우리는 정례를 하는 동시에, 바로 선업을 쌓았습니다. 이것이 이른바 '의지의 힘'입니다.** 예를 들어 정례할 수 있음을 기뻐할 때, 자신이 108배를 정례했다면 우리에게는 '수희'심이 일어날 것입니다. 그러므로 제불보살님이 기뻐할 때 우리는 더욱 그들에게 '항상 법륜을 굴려주시길' 청하고, 그들이 '오랫동안 세간에 머물러 주시길' 바라고, 마지막엔 모든 공덕을 '회향'합니다.

그러므로 **'정례'**를 **할 때 이미 '7지 공양'의 전부를 포함합니다. 첫 번째 정례, 두 번째 공양, 세 번째 참회, 네 번째 수희, 다섯 번째 법륜을 굴려주시길 청하기, 여섯 번째 부처님께서 세상에 머물러주시길 청하기, 일곱 번째 공덕 회향입니다.**

어떻게 정례해야 합니까? **두 손을 합장해야 합니다. 막 피려고 하는 연꽃처럼 합니다.** 만약 손이 비교적 짧다면, 손을 머리 뒤에 놓기가 쉽지 않을 것입니다. 손을 미간 이마에 둘 수 있습니다. 첫 번째 동작은 손을 미간에 둡니다. 두 번째는 목에 둡니다. 손가락을 앞으로 향해서 일부러 손가락을 목에 대서는 안 됩니다. 이어서 가슴 위치입니다. 나의 심장이 왼쪽에 있는지 오른쪽에 있는지 걱정할 필요가 없습니다. 요컨대 가슴 중간에 둡니다. 정례를 할 때는 마음을 분산시켜, 여기저기 바라보거나 다른 사람과 수다를 떨어서는 안 됩니다. 반드시 오체투지여야 하는데, 이마·두 손과 두 무릎 등 다섯 부분이 땅에 닿아야 합니다. 손을 이마·목·가슴에 놓는 것은 우리 몸·말·마음의 장애가 모두 깨끗이 제거되었고 아울러 제불보살님의 몸·말·마음의 가피를 얻었음을 나타냅니다.

우리는 이 '정례'의 가르침을 다 받은 뒤에, 적어도 천 번의 오체투지를 해야 합니다. 이것은 사실 좋은 소식입니다, 좋은 소식! 더 많이 할 수 있다면, 5천 번, 만 번, 5만 번, 10만 번, 그것이 더 좋습니다.

▌보리심을 일으키는 세 순서

이어서 어떻게 보리심을 일으킬 수 있는가를 말하려 합니다. 보리심을 일으키는 데에는 세 단계가 있습니다. 우선, 우리는 일반적인 자애심과 자비심을 일으켜야 합니다. 이어서 한량이 없는 자애심과 자비심을 일으켜야 합니다. 세 번째는 진정한 보리심을 일으키는 것입니다.

1. 일반적인 자애심과 자비심을 일으키다

우선, 우리는 자신을 예로 삼아 다른 사람의 본보기가 되도록 해야 합니다. 어떻게 할까요?

우리는 즐거움을 얻고 싶어 하고 고통스러워하고 싶어 하지 않습니다. 여러분은 고통을 좋아합니까? 좋아하지 않습니다. 즐거운 것을 좋아합니까? 좋아합니다. 확실합니까? 그런데 많은 사람들은 마치 스스로 고생을 불러오길 좋아하는 것 같습니다. 왜 그럴까요? 예를 들면, 많은 사람들은 고통을 좋아해서 발 안마를 하고 즐겁다고 느낍니다. 왜냐하면 여러분은 발 안마가 아플수록 신체 건강에 좋다는 것을 알기 때문에 '고통'을 좋아합니다. 또 많은 돈과 시간을 내어 아픈 안마를 받고 고통을 얻습니다. 무슨 이유입니까? 이것은 즐거움을 찾는 것입니까? 아니면 고통을 찾는 것입니까? 나는 즐거움을 찾는 것이라고 생각합니다. 왜냐하면, 안마를 받는 사람의 입장에선 신체는 고통스럽지만 이후에 즐거움을 주기 때문입니다.

어제 말했던 "즐거운가의 여부는 우리의 마음에 달려 있습니다, 외부에 있는 것이 아닙니다"와 같습니다. 처우 떠우푸를 좋아하는 사람들은 처우 떠우푸를 보면 매우 기뻐합니다. 가령 나처럼 처우 떠우푸를 좋아하지 않는 사람은 처우 떠우푸를 볼 때 즉시 코를 막을 것입니다. 그러므로 처우 떠우푸가 좋은지 아닌지는 우리의 마음에 달려 있습니다. 여러분 모두가 즐거움을 찾고 있습니다. 집으로 돌아가고 방을 여는 것이 바로 즐거움을 찾고 있는 것입니다. 우선 여러분은 자신이 도대체 얼마나 즐거움을 원하고 얼마나 고통을 원하지 않는지 이해해야 합니다.

여기에는 두 가지가 포함되는데, **만약 우리가 더 많은 즐거움을 얻길 바란다면, 사실 이것이 바로 자애심입니다. 우리가 고통을 줄이길 바란다면, 이것이 바로 자비심입니다.**

자신으로부터 시작해서 다른 사람에게 적용해야 합니다. 우선 반드시 자신이 할 수 있어야만 하고, 그러고 나서 가까운 사람들에게 확장시킵니다. 우리의 남편·아이·아내 및 친구, 점점 관계가 조금 먼 사람들로 넓혀갑니다. 그리고 천천히 적에게로 넓혀 가고, 그들을 수행의 대상으로 삼아야 합니다. 설령 우리의 적이라 해도 즐겁기를 바라고 고통을 멀리하고 싶어 한다는 것을 분명히 이해해야 합니다. 우리와 똑같습니다. 우리가 이 점을 분명히 이해하고 평등하게 적을 대할 때, 더 이상의 공포와 분노의 감정은 생기지 않을 것입니다. 비교적 안전한 느낌마저 있을 것입니다. 왜냐하면 우리 자신의 역량이 이미 점점 커졌으며 일체 중생이 우리와 똑같다는 것을 이해했기 때문입니다.

2. 한량이 없는 자비심과 자애심을 일으키다

이어서 두 번째 순서입니다. 바로 한량이 없는 자비심과 자애심입니다. 어떻게 할까요?

우선 알아야 합니다. 일체 중생은 우리 자신과 똑같습니다, 평등합니다. 모두가 고통을 멀리하고 즐거움을 얻길 바랍니다. 우리가 일체 중생 모두 고통에서 벗어나길 바라고, 고통을 줄일 수 있다는 것을 알았을 때, 우리는 이미 고통과 고통의 인因에서 벗어나는 자비심을 일으켰습니다. 일체 중생 모두 즐거움과 즐거움의 인을 갖고 있기를 바랄 때, 우리는 이미 한량이 없는 자애심을 일으켰습니다. 우리가 자애심과 자비심으로 모든 한량이 없는 중생을 살필 때, 그것은 한량이 없는 자애심과 자비심으로 변할 것입니다. 중생은 한량이 없기 때문입니다.

나는 여러분에게 묻고 싶습니다. 바늘 두 개가 있는데, 하나는 여러분의 오른뺨에 꼽고, 하나는 여러분의 왼뺨에 꼽는다면, 어느 바늘을 좋아하겠습니까? 두 개 모두 싫어합니다. 왜 그럽니까? 두 뺨에 모두 감각이 있어 왼뺨, 오른뺨 모두 아플 것이기 때문입니다. 그러므로 여러분의 느낌은 다른 사람과 같습니다. 자신에게 고통이 있기를 바라지 않듯이 다른 사람도 고통이 있기를 바라지 않습니다. 여러분 두 뺨의 느낌이 같은 것과 같습니다. 이 점을 알 수 있고 이렇게 자세히 살필 수 있다면 여러분은 발전할 것입니다.

3. 보리심을 일으키다

세 번째 순서는 보리심입니다. 무엇이 보리심입니까?

여기에는 두 개의 초점이 있습니다. 하나는 중생을 초점으로 하고, 다른 하나는 부처님을 초점으로 합니다.

① **중생을 초점으로 하는 것:** 자애심과 자비심으로 일체 중생에 대하여, 모두가 고통에서 벗어나 즐거움을 얻을 수 있기를 바랍니다.

② **부처님을 초점으로 하는 것:** 중생 모두가 일체의 고통에서 벗어나 일체의 즐거움을 얻고, 나아가 불과를 얻을 수 있게 하기 위하여 자신이 불과를 얻어야 합니다. 이렇게 해야 일체 중생이 불과를 얻을 수 있도록 인도할 수 있습니다. 이것이 바로 보리심입니다. 아주 간단합니다. 이러한 마음이 일어났을 때 여러분은 바로 '발보리심'한 사람이고 '원보리심'을 일으킨 보살입니다.

우리가 '원보리심'이 생긴 후에 '사가행'을 하거나 주문 염송 등을 포함하여 일체의 수행을 한다면, 이 행위들이 바로 '행보리심'입니다.

'보리심'의 가르침은 여기에서 마칩니다.

▌회향문▌

세 가지 장애의 모든 번뇌를 소멸시키길 바랍니다.
지혜가 참되고 밝아지기를 바랍니다.
죄업과 장애 모두 소멸되어
세세생생 항상 보살도를 행하길 바랍니다.

셋째 날 수업

시간: 2006년 12월 25일
영어의 중국어 번역: 미야오룽 법사

오늘 저녁에 나는 좀 더 '보리심' 수행을 말하고자 합니다. 우리는 오체투지 공양을 다한 뒤 7번, 21번, 백 번, 심지어 천 번 할 수 있습니다. 다한 뒤 다시 좌복에 앉았을 때, 다시 염송을 시작해야 합니다.

의궤 17쪽을 펴십시오.

보리의 정수에 이를 때까지 모든 부처님들께 귀의합니다.
법과 보살 승가에도 이와 같이 귀의합니다.
예전에 선서들께서 먼저 보리심을 일으키고
보살의 학처에 차례대로 머무신 것처럼
그렇게 중생을 이롭게 하기 위하여 보리심을 일으키고서
모든 학처 또한 차례대로 배우겠습니다. (3번 염송)

우리는 이 단락을 세 번 염송해야 합니다. 첫째 줄과 둘째 줄에서 가리키는 것이 귀의입니다. 그 뒤의 문장은 모두 발보리심입니다.

여기 '발보리심문'의 뜻은 과거의 제불보살님들은 가장 최초로 보리심을 일으키는 것으로부터 시작하여 해탈을 얻는 해탈도로 수행해 나갔고, 이렇게 순서대로 닦고 배웠다는 것입니다. 그러므로 우리도 과거 제불보살님들처럼 그렇게 발보리심하고, 수행하고, 그들을 따르려고 합니다. 여기서의 '보살'은 남보살과 여보살을 모두 포함합니다.

이어서 봅니다.

> 수승한 보석인 보리심이 일어나지 않았으면 일어나게 하고
> 일어났으면 줄어들지 않고 점점 늘어나게 하소서.

이것은 '기원'입니다. 내 생각에 여러분 모두 의미를 알 것이므로 다시 더 설명할 필요가 없다고 봅니다. 시간이 없기 때문입니다.

그러면 마지막으로 '합일되는 순서' 관상을 하려고 합니다.

합일되는 순서는 어떻게 관상 수행하는가?

> 마지막에 귀의처가 빛으로 변하여 자신에게 스며들어 하나가 된다.

여기에서 관상 수행해야만 합니다. 우리는 전에 관상했던 전체 귀의처와 5보가 모두 앞쪽에 있고, 주변에서부터 시작하여 하나하나 천천히 가운데에 합일되는 것을 관상 수행해야만 합니다. 여기에서는 그들이 도대체 어떻게 합일되는가, 도대체 어떻게 한곳으로 합쳐지는가,

도대체 누가 누구에게로 합쳐져 가는가를 말할 필요는 없습니다. 너무 많이 생각할 필요가 없습니다. 왜냐하면 이것은 날씨가 추울 때 여러분이 거울에 입김을 한 번 분 뒤에 그 안개가 아주 천천히 천천히 합쳐져 사라지는 것과 같습니다. 당연히 날씨가 추울 때 그 안개가 소멸되는 데는 약간의 시간이 걸립니다. 그러나 여기에서의 관상은 그렇게 오랜 시간 하나로 합쳐져 소멸되는 것을 기다릴 필요가 없습니다. 그것은 한순간입니다. **마지막으로 모든 주위의 5보가 전부 합일되어 가운데의 지금강불로 합일되어 들어갑니다.**

그러므로 마지막 관상할 때, 여러분은 두 가지를 선택할 수 있습니다.

첫째, 마지막에 지금강불이 '직접' 당신 자신에게 스며들어 오는 것을 관상할 수 있습니다.

둘째, 지금강불이 마지막에 '빛으로 변화하여' 자기 몸으로 스며들어 오는 것입니다.

이것은 매우 크고 어려운 선택입니다. 만약 하나를 고르는 것이 어려워 모르겠다면 점을 쳐볼 수 있습니다. 이것은 농담입니다. 두 개 모두 됩니다. 이것은 무슨 큰 선택이 아닙니다. 여러분은 '아! 둘 중에 선택을 해야 되는데, 어느 것이 나에게 비교적 좋은 것인가?'라고 걱정할 필요 없습니다. 지나치게 걱정할 필요 없습니다. 여기까지 귀의를 원만하게 마쳤습니다.

좌복에서 일어나 쉴 때 해야 하는 수행

두 번째, 휴식 시간의 수행:

자기 마음을 평정 상태로 유지하면서, 분별하는 마음을 다스린다. 스승에 대한 공경심을 더욱 증장시키고, 삼보에 대한 믿음을 있는 힘껏 일으키고, 중생에 대한 자비심을 일으키는데 노력해야 한다.

오늘 까르마빠 존자님께서는 특별히 이 부분에 대하여 좀 더 많이 풀이하고, 또 좌복에서 일어났을 때의 수행을 많이 설명해야 한다고 말씀하셨습니다. 쉬는 시간, 좌복에서 일어났을 때, 10분마다 여러분은 오체투지 10번을 해야 합니다. 이것이 쉬는 시간의 수행입니다. 농담입니다!

우리는 너무 걱정할 필요 없습니다. 도대체 우리가 일반적으로 **좌복에서 일어났을 때**, 무엇을 해야 할까요? 단지 두 개가 있을 뿐입니다. 첫째, 우리는 '믿음'이 있어야 합니다. 둘째, '자비'가 있어야 합니다.

좌복에서 일어났을 때의 수행 1: 제불·스승께 믿음을 일으킨다

여기에서의 '믿음'에는 대상이 둘 있습니다. **첫째, 일반적으로 '모든 제불에 대하여 우리는 믿음이 있어야 합니다.' 둘째, '특히 자신의 스승에 대하여 우리는 믿음이 있어야 합니다.'** 어떠한 상황에서도 믿음이 있어야 합니다. 그러므로 어렵거나 어렵지 않거나, 순조롭거나 순조롭지 않거나, 어떤 때에도 믿음을 지켜야 합니다.

왜 믿음을 가져야 할까요? 더욱이 이 바쁜 일상생활에서 믿음을 지녀야 하는 것은 무엇 때문일까요? 일반적으로 우리 초심자 입장에서 말하자면, 어떤 것들에 의지해야 합니다. 어떤 물건들을 잡고서 의지해야 합니다. 이것이 일체 중생이고, 특히 사람에게 필요합니다. 이는 사람의 자연적인 특성입니다. 늘 믿을 수 있고, 의지해서 잡을 수 있는 무엇이 있어야 합니다. 만약 없다면, 우리는 방향이 없는 것처럼 무슨 일을 해야 할지 모릅니다. 아니면 우리의 마음이 텅 빈 것으로 변해서 자신감이 없다고 느낄 것입니다. 심지어 매우 곤혹스럽고 슬퍼서 자신을 믿을 수가 없다고 느낍니다. 더욱이 초심자 입장에서 우리는 자신의 불성을 직접적으로 인식하거나 공성을 인식할 방법이 없습니다. 그러므로 우리를 도울 외부의 대상이 필요합니다. 종교적 신앙인 '믿음'이 우리 입장에선 일상생활에서 아주 중요한 것으로 변합니다.

사실 우리는 매일 어떤 물건들에 의지하고 귀의하고 있습니다. 예를 들면, 돈에 귀의하고 음식물에 귀의합니다. 여기에서 '귀의'의 뜻은 '의지'입니다. 혹은 처우 떠우푸에 의지하고 오토바이에 의지하고 차에 의지하고 집에 의지합니다. 지금 우리는 이 건물에 귀의하고 있습니다. 혹은 주식에 귀의합니다. 주식에 귀의한다면 매우 힘들 것입니다. 주식은 매우 기복이 있기 때문입니다. 주식이 오르면 기뻐하고 떨어지면 여러분의 마음도 떨어집니다. 그러므로 우리가 귀의한 대상이

'줄곧 변하고 있다'면 그 자체도 반드시 각종 인과에 의지하여 끊임없이 변화해야 합니다. 그래서 최후에 여러분은 믿음을 잃었다고 느낍니다. 심지어 마음이 산산조각 났다고 느끼고 슬프다고 느낍니다.

그러나 삼보인 불·법·승은 주식 같지 않습니다. '아! 오늘 부처님이 올랐어. 오! 내일 부처님이 떨어지겠어.' 이렇지 않을 것입니다. 그러므로 우리가 '부처님·법·승가' 삼보에 믿음이 있다면 이생이 더 쉽게 바뀔 것입니다. 우리 안에는 믿을 수 있는 무언가가 있습니다. 부처님은 여러분의 스승이고, 법은 여러분의 길이고, 승가는 여러분의 친구입니다. 여기서는 '승가 성중'을 가리킵니다. 일반적인 승가가 아닙니다. 일반적인 승가는 어떤 경우 오르락내리락 기복이 있기 때문입니다. 그렇지만 우리는 여전히 일반적인 승가에 대해 존경을 가져야 합니다.

우리가 문을 나설 때 늘 "스승께 귀의합니다. 부처님께 귀의합니다. 본존께 귀의합니다. 법에 귀의합니다. 승가에 귀의합니다"라고 염송한다면 아주 좋습니다. 그러나 "부처님께 귀의합니다"라고 염송하고는 '부처님께서 도대체 들으셨을까?'라고 생각해서는 안 됩니다. 왜 그럴까요? 우리는 **부처님께 세 가지 공덕이 있다고 말하기 때문입니다. 첫째 편지**遍知, **둘째 대비, 셋째 대력**大力**입니다.**

1. 부처님 세 가지 공덕의 하나: 편지(일체를 아는 지혜)

편지의 뜻은 '부처님께서는 일체를 아신다'는 것입니다. 여기에는 두 부분이 있습니다. 하나는 세속제에 속하는 부분이고 다른 하나는 승의제에 속하는 부분입니다. 승의제에서 말하자면, 부처님은 이미 일체 현상의 본질이 공성이라는 것을 깨달았기 때문에 일체 장애를 초월하였고, 일체 장애로부터 해탈하였습니다. 그러나 세속제에서 부처님은 우리의 모든 세세한 것들을 아십니다. "좀 두려운 걸! 그러므로 우리는 좀 조심해야 해." 마치 이렇게 말하는 것 같습니다. 이 법당 안에서 나는 강의를 하고 여러분은 수업을 듣고 있습니다. 부처님께서는 우리와 관련된 이 모든 일을 알고 계십니다. 바로 이 순간에, 바로 이 자리에서, 바로 이 자리 1초의 시간에.

부처님은 우선 왼쪽에서 보고, 다시 천천히 오른쪽에서 보고, 그런 후 또 필기해야 할 필요가 없습니다. 부처님이 이렇게 생각하고, 저렇게 생각하고 또 필기하려고 한다는 것은 생각이 너무 많습니다! 좀 미혹되고 혼란스러워졌습니다. 부처님은 이렇게 하지 않을 것입니다. 왜냐하면 여러분은 각자의 생각이 있기 때문입니다. 수업을 이해한 사람들은 '이 수업 정말 좋아!'라고 생각합니다. 수업을 이해하지 못한 사람은 '이것들은 도대체 무엇을 말하는 거야!'라고 생각합니다. 어떤 사람들은 '아! 이 수업은 사실 너무 길어. 난 나가서 좀 걸어야만 해'라고 생각할 수 있습니다. 어떤 사람들은 지금 '어깨가 정말 쑤셔, 다리도 쑤시는 걸! 머리도 아파'라고 생각할 수 있습니다. '와! 이 수업 끝나고 나는 무얼 할까?' '맙소사! 나는 바로 집에 돌아가서는 또 출근해야만 해!' 어떤 사람들은 아마도 '이 길고 긴 수업이 끝난 후에 집에 돌아가서 난 꼭 목욕을 해야만 해'라고 생각할 것입니다. 사람마다 각각 다른 생각과 의지를 갖고 있습니다. 부처님은 우리의 모든 생각을 아십니다. 이 법당에서 뿐만 아니라 인도 전체의 모든 사람들, 심지어 개와 개미까지, 이렇게 많은 동물까지 포함해서 부처님은 전부 아십니다. 더군다나 인도뿐만 아니라 온 세계, 우리 이 세계뿐만 아니라 온 우주 삼천대천 세계를 포함합니다. 온 우주는 무한하기 때문에 부처님의 지혜 역시 무한합니다.

그러므로 여러분이 "나무 포(부처님께 귀의합니다)" 혹은 "나무 아미튀포(아미타불께 귀의합니다)"라고 염송할 때, 인도어로 사람들은 '아미튀포'를 '아미다빠'로 읽습니다. 우리 티벳인들은 좀 더 '아미다빠'의 발음에 가깝습니다. 당연히 중국어는 그다지 비슷하지 않습니다. 한국어로는 "나무 아미타불"입니다. 여러분이 어떻게 읽건 간에 상관없습니다. 아미타불, 그분은 모두 아십니다. 여러분이 말하는 것이 "나무 아미다빠"이건, "나무 아미튀포"이건 간에, 말하기만 하면 부처님께서는 여러분 앞에 계십니다. 여러분은 "나무 아미튀포"를 하고 '그분이 도대체 오시는지 안 오시는지 누가 알지? 도대체 아미타불은 나를 알까?'라고 걱정할 필요가 없습니다. 아마도 우리가 염송하고 또 염송하고, 계속 염송한 뒤에야 아미타불이 발견할 것입니다, "누가 이렇게 시끄럽게 하지! 줄곧 나를 부르고 있네!" 혹은 여러분은 아마도 염송하면서 한편으론 큰 북을 칠지도 모릅니다. 큰 북을 '빵' 한 번 치고, '아미타불' 한 번을 염송할 때야 비로소 아미타불을 깜짝 놀래켜 그를 깨웁니다! 여러분은 이렇게 할 필요가 없습니다. **여러분이 단지 "나무 아미타불" 한 마디를 하면 아미타불 그분은 바로 계십니다. 그분은 바로 거기에 계십니다.** 때문에 우리는 이렇게 말해서는 안 됩니다. "오! 서방 극락정토는 서쪽에 있어. 아주 먼 서방. 그래서 지금 여기에서 아주 천천히 '아미타불'을 염송해야만 해. 그러면 아미타불이 겨우 들으시고 아주 멀고 먼 서방에서 천천히 뛰어 오셔. 우리 앞으로." 사실 **부처님은 어떤 곳에도 계십니다.** 우리의 방 안에도 계시고 우리의 집 안에도 계신다고 말할 수 있습니다. 심지어 그분은 그 어떤 곳에, 일체의 곳에 계신다고 말할 수 있습니다.

서방을 티벳어로는 '눕촉'이라고 합니다. **우리는 '눕촉'을 '서방'으로 번역합니다.** 그러나 사실 그것은 '해가 지는 저쪽 혹은 해가 지는 방향'을 가리킵니다. 또 이 '눕촉'에는 '닫다, 어둡다, 소실되다'의 뜻이 있습니다. 그것은 무엇이 닫혔다는 것일까요? 바로 우리의 고통·번뇌·장애가 모두 닫혔다는 뜻입니다. 때문에 '눕촉'이라고 부릅니다.

그러므로 여기에서 '극락정토'는 반드시 그 방향에 있어야만 한다고 말하는 것이 아닙니다. 우리는 '서방'이 앞으로는 로켓을 타고 아침에 갔다가 저녁에 돌아오는 '서방' 1일 여행을 할 수 있는가, 많은 돈을 써서 정토로 '정토 유람'을 하러 가는 것인가라고 말할 수도 있습니다. 이 뜻이 아닙니다. 만약 서방 극락정토로 갈 인연을 갖추지 않았다면, 어떤 방법을 쓰더라도 극락정토에 갈 수가 없습니다. **여러분이 충분한 인연을 갖추었다면, 준비가 잘 되었을 때라면 바로 그 자리에서 정토를 봅니다. '정토가 바로 여기에 있습니다.' 여러분의 눈앞에 있습니다.**

그렇지 않다면, 정말로 '서방'을 찾을 방법이 없습니다. 왜냐하면 여러분이 인도 이곳을 중심점으로 한다면 이른바 서방은 프랑스·영국 등 유럽 국가들입니다. 거기가 서방입니다. 만약 여러분이 프랑스를 중심점으로 삼는다면 프랑스의 서방은 미국입니다. 여러분이 일본에 있다면 그때의 서방은 이곳 인도입니다. 때문에 마지막에 진정한 서방 극락정토는 인도를 가리키는 것입니다. 특히 우리 이 비하르주는 외면이 이렇게 깨끗합니다. 이것은 농담입니다! 절반, 절반의 농담입니다. 당연히 아마도 깨달음의 경지가 매우 높은 사람의 입장에서 말하자면 보드가야 이곳이 바로 진정한 정토입니다. 당연히 우리 입장에서 말하자면 법당 안쪽이 비교적 깨끗한 것을 제외하고, 법당 바깥은 더럽습니다.

때문에 우리는 너무 지나치게 이 방향에 집착할 필요가 없습니다. 혹은 멀고 가까움 등을 마음에 둘 필요가 없습니다. 아미타불 그분이 도대체 계신지 안 계신지, 그분이 도대체 어떻게 오시는지, 그분이 도대체 오시는지 안 오시는지, 이러한 원근의 문제나 시간과 방향 등에 너무 마음 둘 필요가 없습니다. 여러분은 또한 아마 '5시 이후에 아미타불은 일을 끝낼 거야, 한밤중에 '나무 아미타불'을 염송하면 아미타불을 깨워서 아마 악업을 지을 거야. 아마 아미타불을 화나게 할 거야. 아마 가피를 주지 않으실 거야' 등등 너무 마음에 둘 필요가 없습니다. 이렇지 않을 것입니다. **왜 아미타불에게 이러한 공덕 지혜가 있을까요? 아미타불 그분은 일체의 죄업·장애를 정화하고 제거했을 뿐만 아니라, 완전하게 불성—심성을 깨달았기 때문입니다. 불성은 능소**能所**(주체와 객체)가 없습니다. 불성 혹 공성은 바로 일체 현상의 본질입니다.** 『반야심경』

에서 "색이 바로 공이고, 공이 바로 색이다"라고 말한 것과 같습니다. 같은 이치로, 소리 역시 바로 공이고, 공 역시 바로 소리입니다. 맛이나 향기 등 이 일체 역시 모두 공성입니다. **만약 여러분이 완전하게 공성을 인식했다면, 일체 현상을 볼 수 있을 것입니다.**

2. 부처님 세 가지 공덕의 둘: 대비

방금 말한 것은 부처님의 '일체를 아는' 공덕입니다. 이제 말하고자 하는 것은 '대비'입니다. 여기서는 '한량 없는 자애, 한량 없는 자비심'을 가리킵니다. **왜냐하면 부처님에게는 한량 없는 자비가 있기 때문에 우리에게 한량 없는 번뇌 고통과 어려움이 있다는 것을 아십니다.** 우리 역시 "자비는 불성의 진정한 공덕이다"라고 말할 수 있습니다. 부처님의 자비는 대상의 구분, 즉 능소 대상이 없습니다. 그러나 우리의 자비에는 능소 자타가 있습니다. 마치 우리가 시험 삼아 어떤 사람에게 자비심을 일으켰을 때 천천히 우리 역시 그의 고통들을 느끼게 됩니다. 여러분이 그의 고통을 보았을 때 역시 천천히 그와 똑같이 고통을 느끼게 됩니다. 마지막에 여러분도 즐겁지 않게 변합니다. 왜 그럴까요? 왜냐하면 우리에겐 '집착'이 있어 '자기·타인'에 집착하는 분별이 있기 때문입니다. 그러나 **부처님은 이미 일체가 공하다는 공성을 깨달았기 때문에 이른바 자타 분별이 없습니다. 자타 분별이 없기 때문에 자비가 한량 없고 매우 큰 힘이 있습니다.** 우리는 왜 이러한 한량이 없는 자비를 가질 수 없을까요? 왜냐하면 우리에겐 집착이 있기 때문입니다.

3. 부처님 세 가지 공덕의 셋: 대력

세 번째 공덕은 '대력'입니다. 부처님에게는 일체의 힘이 있습니다. 그에게는 몸·말·마음의 힘이 있습니다. '몸'의 예를 들겠습니다. 모든 우주는 하나의 작은 겨자씨 안에 넣을 수 있습니다. 그러나 이 겨자씨는 크게 변할 필요가 없습니다. 온 우주 역시 이 때문에 작게 변할 필요가 없습니다. 여러분이 느끼기에 어떻습니까? 이렇게 하면 좋지 않습니까?

2년 전인가, 1년 전인가에 한 과학 토론회가 있었습니다. 그들은 당시 우주의 대폭발에 대해 토론하였습니다. 그들은 생각했습니다. 이전에 모든 대폭발과 관련된 이론들은 바뀌어야 한다고. 그래서 그들은 토론하였지만 결론을 찾지 못하였습니다. 이 토론을 마친 후 소수의 과학자들은 기차를 타고 집으로 돌아갔습니다. 그들은 기차 안에서 계속 토론하였습니다. 마침내 우주가 어떻게 형성되었는지 발견하였습니다. 그들은 생각합니다. 대략 12개 혹은 13개의 '범주'가 있는데, 또 12개 내지 13개 '공간' 혹은 '범주'라고 말할 수 있는 그것들 중에 둘의 에너지가 서로 부딪쳐서 온 우주를 만들었다고. 그래서 그들은 하나의 결론을 얻었습니다. "우리들도 실험실에서 이 두 에너지를 제조할 수 있다." 때문에 방 안에서 여러분도 온 우주를 만들 수 있습니다. 정말 위험하죠! 우리는 지금 온 우주가 폭발되어서 보이지 않게 되었습니다. 그럴 리 없습니다! 우리는 방 안에서 온 우주를 만들 수 있습니다. 그러나? 그 제조된 우주는 우리 지금의 세간, 우주 공간을 차지하지 않을 것입니다. 우리는 우주를 볼 수 없습니다. 그러나 우리는 그 영향을 볼 수 있습니다. 왜 그럴까요? 이치는 '큰 것과 작은 것'이 평등하다는 것입니다. 큰 것과 작은 것이 비록 평등하다 하더라도 우리 입장에서 말하자면, 차이가 있습니다, 그렇습니다! 이 책을 컵 안에 넣을 수 없는 것과 같습니다. 사실 그것들의 실상은 평등합니다. 어떤 모순이 없습니다. 그러나 우리는 이 둘이 차별되는 모순을 만들었습니다. 우리는 부처님보다 더 힘이 있다고 말할 수 있습니다. 맞습니까, 맞지 않습니까? 왜 그럴까요?

진정한 실상은 평등하다는 것인데 우리가 오히려 그것들을 모순되게 변화시킬 수 있습니다. 그래서 우리의 능력·신통이 부처님보다 더 크다고 볼 수 있습니다. 무엇이 신통입니까? 여러분은 어떤 불가능한 것을 가능하게 변화시킬 수 있습니다. 그것이 바로 신통입니다. 왜냐하면 본래 큰 것과 작은 것, 그것들은 평등하기 때문입니다. 그들의 본질은 어떠한 모순이 없습니다. 일치합니다. 그러나 우리는 그것들을 모순된 것으로 변화시킬 수 있습니다. 다르게 변합니다. 우리들은 불가능한 것을 가능한 것으로 변화시킵니다. 그래서 이 강의에서 부처님은 **일체를 아는 지혜·대비·대력을 갖추셨다**고 말했습니다. 그러나 결코 이러한 능력은 다른 사람이 부처님에게 준 것이거나 외부에서 온 능력이라고 말하지 않았습니다. **부처님의 능력은 그분이 일체 현상의 본질을 인식해낸 것에서 온 것입니다.** 이러한 지혜의 일으킴 때문에 이 모든 공덕을 만들었습니다. **이 지혜는 바로 그분이 일체 실상을 인식했다는 것입니다.** 만약 여러분이 수행한다면 여러분도 성불할 수 있습니다. 왜냐하면, 여러분과 부처님은 또한 같은 본질인 '똑같다', '나 — 와 — 부처님 —

의 — 본 — 질 — 은 — 똑같다'를 갖추고 있기 때문입니다. (린포체께서 중국어 한 자 한 자로 말씀하셔서 대중이 박수쳤다. 린포체께서 말씀하셨다. "하! 아주 기쁩니다.")

우리의 본질은 아주 좋습니다. 아주 훌륭합니다. 매우 좋습니다! 만약 여러분이 성불하게 된다면, 여러분 역시 세 가지 공덕을 가질 것입니다. 여러분은 무엇을 해야 합니까? 일단 성불한 후 여러분의 첫 번째 계획은 무엇입니까? 아직 계획이 없습니까? 여기에 하나의 문제가 있습니다. 이 문제는 바로 부처님께 일체를 아는 지혜 공덕이 있다면 그분은 일체를 아십니다. 그분은 우리의 모든 고통과 어려움을 아십니다. 또한 부처님은 한량이 없는 자비를 갖고 계십니다. 부처님, 그분은 게다가 일체의 강력한 힘을 갖추고 계시고 몸·말·마음 일체의 능력을 갖고 계십니다. 그렇다면 왜 아직 우리를 구원하러 오시지 않아서, 우리를 여기에 아직 있게 하나요? 우리는 여전히 감기에 걸리고 머리가 어지럽습니다. 더욱이 이곳 보드가야 성지에서 부처님께 더 다가갔을 때 우리는 거의 더 쉽게 감기에 걸려 병이 났습니다! 왜 그런가요? 심지어 이 세계에는 많은 문제가 있고 지구 곳곳에 일 등의 각종 고통이 있습니다. 대만에는 아직도 태풍과 지진이 있습니다. 왜 그런가요?

왜 부처님은 우리를 돕지 않나요? 왜 부처님은 그분의 힘을 써서 땅에서 돌멩이 줍듯이 우리를 위로 던져 직접 정토로 던져버리지 않나요? 그것은 마치 길가에서 돌멩이 하나 주워 이층으로 던져버리는 것처럼 그렇게 쉽습니다. "오! 내가 중생 하나를 보았어. 집어서 위로 던져버렸지. 쉬워!" 왜 부처님은 우리에게 이렇게 하지 않나요?

왜냐하면 우리에겐 우리 자신의 '업력'이 있기 때문입니다.

여러분은 반드시 스스로 해야 합니다. **스스로 아무것도 하지 않는다면, 외부의 힘을 통해 자신의 업력을 바꿀 방법이 없기 때문입니다. 업력은 직접적으로 외부의 힘에 의해 바뀔 수 있는 것이 아닙니다.** 여러분에겐 두 가지 방법이 있습니다. 바로 방편과 지혜입니다. **방편의 방법으로 '당신은 끊임없이 기도하고, 기원하고, 자비심을 일으켜야' 합니다.** 지혜의 방법으로 '당신은 진정으로 공성을 명백하게 체득할 수 있어야' 합니다. 이렇게 해야 스스로를 진정 도울 수 있습니다. '업'은 즉시 바꿀 방법이 없습니다.

그러나 여기에 이르러 또 두 번째 문제가 발생할 것입니다. 업력이 즉시 바뀔 수 없고 부처님도 우리의 업력을 바꿔줄 수 없다면 왜 우리가 부처님께 기원해야 하고, 끊임없이 "나무 아미타불! 나무 아미타불!"을 염송해야 합니까? 그것은 자신을 더 피곤하게 하고 시간을 낭비하는 것일 뿐입니다. 안 그런가요?

사실, 여러분은 결코 시간을 낭비하고 있는 것이 아닙니다. 이것이 바로 '방편의 방법'입니다. **만약 여러분에게 부처님께 기도하는 강렬한 마음이 있다면 여러분은 큰 가피를 얻을 것입니다. 만약 단지 중간 정도의 마음으로 기도할 뿐이라면 여러분은 중간 정도의 가피를 얻습니다. 만약**

단지 아주 작은 기도일 뿐이라면 여러분은 작은 가피를 얻을 뿐입니다. 이 것은 인因과 연緣이 서로 의지하는 상황입니다. 마치 '부처님'은 큰 경쇠이고 여러분의 '기원과 기도'는 경쇠채 같아 그 가피는 그 경쇠에서 나는 소리 같은 것입니다. 여러분이 힘껏 치면 그것은 큰 소리를 낼 것이고, 중간의 힘이면 중간의 소리를 낼 것이고, 아주 작게 치면 아주 작은 소리를 낼 것입니다. 그렇다고 여러분이 부처님을 쳐야만 합니까? 이 뜻이 아닙니다. 부처님을 때려서는 안 되고 스승을 때려서도 안 됩니다. **나의 뜻이 '여러분이 기도하고 기원해야 한다'는 것입니다.**

내가 어제 강의한 것처럼 이른바 **믿음에는 세 종류가 있습니다. 청정한 믿음, 바라는 믿음, 수승하게 이해한 믿음입니다. 이 '수승하게 이해한 믿음'이 가장 중요합니다. 무엇을 '수승한 이해'라고 할까요? 여러분은 원인을 알아야 하고 부처님의 공덕을 알아야만 합니다.** 이 때문에 오늘 나는 부처님의 공덕들에 대하여 더 많이 강의하였습니다. 부처님의 공덕에는 세 가지가 있습니다. 부처님에게 이 세 가지 공덕이 있음을 알았을 때 비교적 믿음을 일으키기가 쉽습니다. 뿐만 아니라 일상생활에서 운용할 수 있습니다. 매우 쉽습니다. 그러므로 여러분은 '아미타불'을 염송하면서 한편으론 일상생활을 할 수 있습니다. 줄곧 맹렬하게 '아미타불'을 염송하고 아미타불이 들으셨나를 의심하는 것이 아닙니다! 이러한 공덕을 알았을 때 물 한 모금을 마실 때조차 믿음이 있습니다. 여러분은 아미타불이 앞에 계시고 아미타불이 모든 곳에 계시다는 것을 느낄 수 있습니다. 그래서 자신이 안전하고 불보살님의 보살핌과 가피를 받았다는 것을 느낍니다.

▌좌복에서 일어났을 때의 수행 2: 생활 속에서 자비를 연습한다

이어서 '자비'를 말할 것입니다. 우리는 어떻게 일상생활에서 자비를 연습할까요? 아주 쉽습니다, 문제가 없습니다! 우선 먼저 무엇이 자비인지, 무엇이 보리심인지를 배워야 합니다. 이것은 반드시 배워서 알아야 합니다. 어제 이미 약간 말하였습니다. 어떻게 자비심을 증장시키는지, 어떻게 자비심을 연습하는지. 만약 여러분이 이해했다면 일상생활에서 운용할 수 있습니다.

사실, 모든 사람들은 자비심을 갖고 있습니다. 심지어 살인범조차도 기본적인 자비심이 있습니다. 여러분은 자신의 아이를 사랑할 것입니다. 자신이 사랑하는 동물인 고양이·개, 심지어 뱀조차 사랑할 것입니다. 히틀러 같은 사람도 개를 좋아했습니다. 그러나 좋은 방면에 쓸지 나쁜 방면에 쓸지는 자신에게서 결정됩니다. 존자님께서 이전에 "누구나 자비심을 갖고 있습니다. 그러나 여러분은 그것을 옳은 곳에 써야 합니다"라고 말씀하셨습니다. 모든 사람들은 고통을 얻고 싶어 하지 않습니다. 맞습니다! 여러분은 이 점을 반드시 이해해야 합니다. 이 점을 이해한 뒤에 자신과 모든 사람들이 똑같다고 느낄 것입니다. 그러고 나서 더욱 여러분과 다른 사람이 마치 형제자매와 같다고 느낄 것입니다. 왜 그런가요? 우리들은 모두 똑같기 때문입니다. 내가 즐거움을 얻고 싶어 하듯 다른 사람도 즐거움을 얻고 싶어 합니다. 내가 고통을 바라지 않듯이 다른 사람도 고통을 바라지 않습니다. 단지 피부색과 문화 배경이 다른데 불과합니다. 즐거움을 얻길 바라는 것은 모두가 똑같습니다. 이것을 이해하지 못한다면 우리 모두는 서로 오해가 있을 수 있습니다. 나는 그를 싫어합니다. 그가 나보다 말을 많이 하기 때문입니다. 나 역시 그를 좋아하지 않습니다. 그가 나보다 키가 크기 때문입니다. 나 역시 저 사람을 싫어합니다. 그가 처우 떠우푸를 싫어하기 때문입니다……. 마치 이와 같습니다.

각종 문제는 이렇게 생겨나게 됩니다. 만약 여러분이 진정으로 '자신이 타인과 같다'는 사실을 이해했다면, 그때 도리어 두려움이 없을 것이고 더욱 안전한 느낌이 생길 것입니다. 심지어 여러분과 타인 사이의 상황을 더욱 분명하게 이해할 것입니다. 그러므로 과학자들 역시 말합니다. "여러분에게 화난 마음이 생겼을 때, 자신과 타인과의 관계에 부딪침과 장애가 있을 것이다. 90%의 상황을 스스로 진정 분명하게 볼 방법이 없게 한다"라고. 진정 분명하게 이해할 방법이 없는 것은 여러분의 감각과 지각이 틀린 감각과 지각일 수 있기 때문입니다. 왜냐하면 상황을 분명하게 볼 방법이 없어서 입니다. **여러분에게 강렬하게 화난 마음이 있다면 누구를 보든 간에 남에게 '문제가 있다'고 느낄 것입니다.**

여기에 두 사람이 있다고 가정합니다. 첫 번째 사람 A는 강렬하게 화난 마음을 가진 매우 이기적인 사람이고, B는 자비심이 있는 사람입니다. 이 두 사람이 여기서 여러분을 보고 있을 때를 가정합니다. 저 화난 마음을 갖고 있는 사람이 A입니다. 그는 마음속으로 '오! 이 사람 좋지 않군. 저 사람도 안 좋아. 봐요. 이 사람이 나를 보는 눈빛이 이상해. 나도 그에게 이런 눈빛을 보내야지'라고 느낄 것입니다. 마치 어떤 사람이 우리를 보면 우리가 마음속으로 주절거리는 것과 같습니다. '저 사람이 아주 이상한 눈빛으로 나를 보고 있네. 내 등 뒤에서 나를 험담할 모양이야.' 그러면 우리 역시 이러한 눈빛으로 그를 봅니다. 안 좋은 태도 혹은 눈빛을 그에게 되돌려 보냅니다. 그러나 상대방은 평범하게 보고 있었을 뿐입니다. 그는 오히려 '이상해! 저 사람은 왜 이런 눈빛으로 나를 살피지?'라고 생각하고 기분이 나빠질 수 있습니다. 역시 이런 안색과 눈빛으로 여러분을 대합니다. 그래서 여러분은 또 생각합니다. '봐봐! 두 번째야. 그가 또 그러네.' 바로 이렇습니다. 서로 흘겨보고 부릅뜨다가 점점 싸우게 됩니다. 그러므로 우리가 과거 전세계의 역사 중 1, 2차 세계대전을 보면 그 원인은 사실 매우 작은 데서 출발합니다. 심지어 어떤 이유도 없습니다. 왕왕 자신의 사사로움과 성냄이 낳은 것입니다. 내가 다른 사람보다 더 강해야 하고, 내가 이 나라를 없애버려야 하는 것입니다. 바로 이러한 작은 원인들이 이렇게 큰 재난을 만들었습니다.

이어서 **어떻게 진정으로 일상생활에서 자비를 연습하는가 입니다. 특히 고통과 어려움을 합쳐서 자비를 연습해야 합니다.** 매일 우리는 많은 상황들을 만납니다. 당연하게 모든 게 순조로워 득의만만할 때도 있고 때론 상황이 광주리 속처럼 답답해서 많은 번뇌와 각종 부정적인 정서가 일어날 수 있습니다. 우리에 대한 도전에는 주로 세 가지가 있습니다. 첫째가 '장애'이고, 둘째가 '번뇌'이고, 셋째가 '고苦'입니다. 이 세 가지가 우리에 대한 가장 큰 도전입니다.

우리에게 장애와 번뇌가 있을 때, 어떻게 장애와 번뇌를 운용하여 자비심을 연습해야 할까요? 이제 말하려고 합니다. **어떻게 번뇌와 장애를 자비로 바꿀 것인가? 마치 독약을 좋은 약으로 바꾸는 것과 같습니다.** 마치 공작처럼 독초를 먹지만 그 독초가 공작에게 도움을 주는 것과 같습니다. 공작이 독을 먹으면 깃털은 도리어 더욱 아름다워지고 건강해집니다. 마찬가지로 **우리 역시 번뇌와 각종 어려움을 운용하여 자비심을 증장시키는데 도움이 되게 할 수 있습니다.** 이 때문에 여러분에게 번뇌와 어려움이 많을수록 더욱 좋습니다. 왜 그럽니까? 여러분에겐 바로 더욱 많은 약이 있기 때문입니다. 그럼 어떻게 수행해야 할까요?

방법1: 여러분의 성난 마음을 알아차린다

우선 이 '번뇌'를 이용하여 연습해야 합니다. 일상생활에서 예를 들면 우리가 일을 잘못 했다면 각종 번뇌가 일어날 것입니다. 이를테면 화가 나고, 질투하고, 교만하고, 슬프고, 상심하는 등등. 혹은 성난 마음이 일어나고 화가 날 것입니다. 우리가 '성난 마음·화가 난 것'을 이용하여 연습하는 비유가 있습니다. 예를 들면 우리가 한 사람을 우연히 만났습니다. 여러분에 대한 그의 안색과 태도가 특히 좋지 않다고 느낍니다. 그래서 매우 화가 났습니다. 화가 났을 때는 마치 배 안에 불이 활활 타오르고 있는 것 같습니다. 그래서 여러분은 '오! 내가 어떻게 해야 되지! 그를 찾아가서 따져야 하나, 싸워야 하나' 합니다. 첫 번째 방법은 **우리에게 성난 마음이 일어났을 때 먼저 '화나 있는 것, 성나 있다는 것을 알아차리는 것'이 우선입니다.** 여러분이 그것을 억누를 필요는 없습니다. 억누른다면 이 분노는 어느 날 원자 폭탄처럼 폭발할 것입니다. 그것을 따라서도 안 됩니다. 여러분이 이 분노한 마음을 따른다면 그것은 장차 더욱 부정적인 행위를 만듭니다. 예를 들면, 싸우고 살인하는 등등의 행위입니다. 여러분이 다만, '오! 나 지금 화났어!'라고 알아차리기만 한다면, 그것에게 말합니다, "헤이! '화야', 안녕? 환영해! 환영해!" **여러분은 자기가 화가 나 있다는 것을 알아차리기만 합니다. 그것을 따를 필요도 없고 억지로 억누를 필요도 없습니다. 여러분의 몸과 마음을 가볍게 하고 알아차린 것을 유지하기만 합니다. 여러분 자신이 화나 있는 것을 '알아차리는 것'**이 바로 첫 번째 방법입니다.

방법2: 성난 마음을 자비로 바꾸고 중생의 분노를 감당한다

두 번째 방법은 '오! 나에게 성난 마음이 많고 이 때문에 많은 어려움과 고통이 있음을 아는 것'입니다. 만약 여러분에게 매우 강렬하게 성난 마음이 있다면 여러분은 즐겁다고 느끼지 못할 것입니다. 먹을 수도 없고 잘 수도 없고 마치 곧 미칠 것 같고 취한 것 같고 술을 너무 많이 마신 것 같습니다. 이것은 가정에도 친구에게도 그 누구에게도 좋지 않습니다. 모든 사람들이 여러분의 적으로 바뀌고, 마지막에는 자기를 잃을 것입니다. 왜냐하면 여러분을 도울 사람이 없기 때문입니다. 여러분을 좋아하는 사람이 한 명도 없기 때문입니다. 당연히 이것은 여러분의 미래에도 좋지 않습니다. 악업을 짓고 있기 때문입니다. 때문에 모든 분노 혹은 화, 그것은 고통의 인因입니다. 나에게만 성내는 마음이 있을 뿐 아니라 일체 중생 모두에게 분노가 있습니다. 성난 마음을 일으켰을 때 많은 고통과 어려움이 생깁니다. 이 성내는 마음은 마치 독약과 같습니다. 그것은 이생에 좋지 않고 내세에도 좋지 않습니다. 여러분은 '**성내는 마음을 이용하여 여러분의 자비심을 연습**'할 수 있습니다. 보십시오. 성난 마음을 갖고 있기 때문에 이렇게 많은 고통을 갖고 있습니다. 얼마나 불쌍합니까! 얼마나 불쌍한 중생들인가! 이후에 **일체 중생의 모든 성난 마음을 감당해야 합니다.** 우리 자신에게도 성난 마음이 있기 때문입니다. 그래서 여러분은 생각해야 합니다. '**오! 나 지금 성난 마음이 있어! 나에게 성난 마음이 있는 것은 상관없어**'라고. **그렇지만 우리는 우리의 성난 마음을 의미 있게 해야 합니다.** 어떻게 해야 성난 마음을 의미 있게 할까요? 성난 마음을 의미 있는 것으로 바꿀 방법이 있다고 여깁니까? 어떻게 합니까?

우리는 생각해야 합니다. **우리 자신의 이 성난 마음이 일체 중생의 성난 마음을 대표한다고. 그래서 여러분은 일체 중생의 성난 마음 전부를 여러분 자신의 성난 마음으로 거두어들여야 합니다. 그들에게 성난 마음이 있으면 중생들이 고통스럽기 때문입니다. 현재 우리는 일체 중생의 성난 마음을 우리의 성난 마음으로 거두어들여 합쳤습니다. 때문에 오늘부터 일체 중생들은 성난 마음으로부터 해탈할 수 있습니다. 얼마나 좋습니까!** 매우 좋습니다! 우리는 화를 내도 상관없습니다. 자신의 성난 마음을 정념으로 변화시킵니다. 여러분의 성난 마음은 의미 있게 되었고 더 이상 부정적이지 않습니다. 얼마나 좋습니까! 성난 마음이 의미 있게 되었습니다. 그래서 여러분은 얼마든지 성난 마음이 있어도 됩니다. 이것은 농담입니다! 당연히 성난 마음을 만들어서는 안 됩니다. 단지 성난 마음이 일어났을 때 이렇게 연습할 수 있을 뿐입니다. 그러면 성난 마음의 효력은 점점 사라질 것입니다. **여러분이 성난 마음을 억누르려**

고 하면 할수록 성난 마음은 더욱 커져서 여러분의 적이 될 것입니다. 성난 마음을 따른다면 성난 마음은 여러분의 주인, 대장이 될 것입니다. 어떻게 해야만 할까요? 그것을 변화시켜야 합니다. 바로 성난 마음과 친구가 되어 변화시켜 긍정적인 것이 되게 합니다. 그렇다면 이 공덕은 무엇일까요? 바로 '여러분에게 성내는 마음이 많으면 많을수록 결국엔 지옥에 가게 된다'는 것입니다. 농담입니다! 이것은 농담입니다. 진짜가 아닙니다. 여러분에겐 완전히 상반된 상황이 있을 수 있습니다. 여러분은 자신의 성난 마음을 정화시켜 성난 마음을 점점 작아지게 할 수 있을 뿐 아니라, 공덕을 쌓고, 선업을 지을 수 있기 때문입니다. 이 방법을 여러분의 번뇌·고통·상심·슬픔에 운용했을 때 일체의 번뇌가 여러분의 친구·조력자가 되게 할 수 있습니다.

방법3: 고통을 이용하여 수행을 한다

세 번째 방법은 '**고통을 이용하여 수행을 하는 것**'입니다.

우리는 알아야 합니다. 무엇이 고통이고 무엇이 어려움인가? 예를 들면 여러분은 실직을 했고, 주식은 가격이 떨어졌고 처우 떠우푸를 찾을 수 없거나, 집안에 문제가 있고 장사는 순조롭지 않거나, 감기에 걸렸고 온몸에 큰 질병과 통증이 있는 등 모두 어려움이고 고통입니다. 사실 **고통은 우리가 번뇌와 악업을 정화하도록 돕는 매우 좋은 방법입니다.** 가장 좋은 방법 중 하나입니다. 뿐만 아니라 우리가 복덕을 증장시키도록 도울 수 있습니다. 만약 여러분에게 고통이 있을 때 주식 가격이 떨어졌거나 집안의 문제 등등. 울지 마십시오! 많은 고통이 있을 때 어디서건 울고 하소연해서는 안 됩니다. 자신을 매우 불쌍하고 약해 보이게 합니다. 이렇게 해서는 안 됩니다. 여러분이 이러면 도리어 자신에게 더 많은 고통과 어려움이 있게 됩니다. 왜 그럴까요? **자신의 마음을 긴장시키기 때문입니다.** 이렇게 하면 우리의 능력·지식 및 갖고 있는 한도를 펼칠 수 없습니다.

그러므로 여러분에게 어려움이 있을 때 생각해야 합니다. '오! 정말 좋아, 내게 어려움이 생겼어. 나는 지금 수행을 시작할 거야. 이것은 수행의 아주 좋은 기회야.' "안녕! 모든 어려움과 문제를 환영해. 환영해, 어려움아!" 여러분은 등을 굽혀서는 안 됩니다. 가슴을 펴고 미소를 지어야 합니다. 아래를 보아서는 안 되고 위를 봐야 합니다. **여기에서 여러분은 자비를 연습하기 시작할 것입니다! '우리의 고통으로 일체 중생의 고통을 대체합니다.' 일체 중생의 고통을 우리의 고통으로 거두어들입니다.** 여러분은 생각합니다. '오늘부터 일체 중생은 더 이상 고통스럽지 않을 거야. 모두의 고통은 끝났어.' 만약 여러분이 이렇게 생각할 수 있다면 여러분의 고통은 매우 의미있게 변합니다. 심지어 끊임없이 선업을 쌓고 있을 뿐 아니라 많은 악업을 정화시킵니다. 얼마나 좋습니까. **우리에겐 시작도 없던 때부터 무궁무진한 윤회의 고통이 있었습니다. 그러나 그 고통들은 이제 의미가 없어졌습니다. 오늘 우리의 자비 수행으로 현재 이 고통이 의미 있게 되었습니다. 여러분의 모든 문제 역시 의미있게 변하였습니다. 얼마나 좋습니까!**

사실 이렇게 해도 그 고통과 어려움들을 제거하는데 도움이 됩니다. 왜 그럴까요? 일체의 고통과 어려움은 모두 여러분의 악업에서 오기 때문입니다. 그러므로 여전히 많은 악업을 지으면서 한편으론 "아미타불이여 당신에게 청합니다, 저를 구원해 주십시오"라고 말한다면, 아무 쓸모가 없습니다. 가장 좋은 방법은 '자비의 수행 방법'을 쓰는 것입니다. 자비 수행 방법을 닦을 때 진정으로 여러분의 고통을 제거할 수 있습니다. 왜 그럴까요? 그것이 여러분의 악업을 제거할 수 있기 때문입니다. 악업은 일체 고통과 어려움의 인因임을 알아야 합니다. 그러므로 이 자비 수행이 가장 좋은 방법 중 하나라고 말할 수 있습니다.

티벳에서 많은 수행자들은 산속 동굴에서 수행하고 있습니다. 그래서 그들은 고통이 일어나지 않고 어려움이 많이 생기지 않아 번뇌의 인이 일어나지 않습니다. 산속 동굴에서는 매우 안정적이어서 그들에게는 아무런 고통도 문제도 없고 번뇌의 대상들도 없기 때문입니다. 그래서 자주 산 아래로 내려와 번거로운 일을 만들고 고통을 불러옵니다. 이것은 농담이 아니고 진짜입니다. 그들은 도시로 내려가서 일부러 미친 척해서 번거로운 일을 만들고 함부로 말해서 많은 사람들이 이 미치광이를 붙잡게 합니다. 도시 사람들은 모두 말할 것입니다. "오! 봐봐. 이 미친 수행자, 미친 중, 미친 비구니." 어떤 사람들은 게다가 그들을 때릴 것입니다. 이것이 매우 좋은 기회입니다. 수행자들은 이 훌륭한 기회를 이용하여 수행을 합니다. 심지어 이 일체의 공덕을 때리고 욕한 사람에게 회향합니다. 이 수행자들은 생각할 것입니다. '번뇌와 문제를 만든 나를 때리고 욕한 사람들이 얼마나 자비로운가. 그들이 없었다면 악연과 역경의 수행을 할 방법이 없었을 텐데.' 왜냐하면 산 위에는 어떤 문제도 없기 때문입니다. 하산했을 때 문제가 생깁니다. 왜 그럴까요? 문제를 만드는 다른 사람들이 있기 때문입니다.

그렇다고 여러분이 가끔 고통을 찾으러 갈 필요는 없습니다. 고통은 저절로 여러분을 찾아 문에 이를 것입니다. 이 얼마나 좋은 일입니까. 그래서 여러분은 아주 행운입니다. 어려움과 고통을 찾기 위하여 돈을 지불할 필요가 없습니다. 또한 특별히 시간을 안배해서 고통을 찾으러 갈 필요가 없습니다. 티벳의 수행자들은 가끔 고통과 어려움을 찾으러 가야 합니다. 여러분은 고통과 어려움이 저절로 찾아옵니다. 정말 매우 좋은 일입니다. 그러므로 각자 집으로 돌아갔을 때 일상생활에서 이 방법을 잊지 말고 사용해야 합니다. 그러면 고통과 어려움, 번뇌와 장애들이 모두 의미있게 변합니다. 이것 역시 매우 좋은 방법으로, 여러분의 어려움을 깨끗이 제거합니다.

고통이 주는 특별하게 좋은 점은 여러분이 '자비 수행'을 기르는데 도움이 된다는 것입니다. 여러분의 마음은 더욱 굳세게 변하고, 도량도 넓어져서 영원히 즐겁습니다. 그래서 여러분에게 내재해 있던 공덕이 드러나기 시작합니다. 여러분의 진정한 지혜는 더욱 커지고, 진정한 힘 역시 더욱 커집니다. 여러분에게 내재해 있던 자비가 진정으로 펼쳐집니다. 외부의 모든 문제들이 보잘 것 없어져서 이 문제들을 충분히 처리할 수 있게 됩니다. 그러나 이러한 자비 수행이 없고 이러한 참선 수행이 없다면 작은 번거로움조차도 큰 문제로 변합니다. 여러분의 마음은 주식 시장처럼 되어서 오늘 좀 좋았다가 내일은 또 좋지 않게 됩니다. 오늘은 “헤이! 안녕”, 내일은 “아이고!”입니다. 진정한 내적인 수행이 있다면 매일매일 즐거울 것입니다. 때문에 어려움은 우리 입장에서 말하자면 매우 좋은 일입니다. 그러나 이것은 결코 “우리에게 어려움이 없는 것은 좋지 않아”라고 하는 것이 아닙니다. 어려움이 없고 고통이 없을 때에도 좋습니다. 그러나 보통 사람이 완전히 어떤 어려움과 고통이 없다면, 산란해질 것입니다. 그렇지 않다면 일반적으로 말해 모두 좋습니다.

총괄해서 말하자면 여러분에게 각종 어려움이 있는 것은 좋습니다. 어려움이 없다 해도 좋습니다. 그래서 일체가 모두 좋습니다. 어떻게 해도 모두 좋습니다. 어디를 가더라도 다 괜찮습니다. 어디에 있더라도 다 즐겁습니다. 때문에 일단 여러분에게 내적인 수행이 있다면 어디를 가건 모두 즐겁습니다. 그러나 내적인 수행이 없다면 어디에 있더라도 좋지 않다고 느낄 것입니다. 적막하다고 느낄 것이고, 슬퍼하고 상심할 것입니다.

넷째 날 수업

시간: 2006년 12월 26일
영어의 중국어 번역: 켄보 딴지에

어제 하나의 문제를 언급하였습니다. 어떻게 '자비' 관상 수행을 통해 우리의 각종 고통 번뇌 혹은 부정적인 정서를 극복하고 다스리는가? 어떤 사람이 의문을 제기하였습니다. **이전에 '일체 중생의 고통을 제가 받겠습니다'라고 관상 수행하였습니다. 그러나 관상 수행을 다하고 나서 걸어 나갔는데 여전히 중생들에게 많은 고통이 있는 것을 보았습니다. 그때 '그렇다면 나의 관상 수행은 아무 효과가 없는 것인가?'라고 느낄 수 있습니다.** 이것은 좋은 질문입니다. 참으로 실제 수행한 사람이라야 할 수 있는 질문입니다. 그러나 사실 너무 걱정할 필요 없습니다. 왜 그럴까요?

확실히, 우리는 지금 직접적으로 이 사람을 도울 방법이 없습니다. 그러나 이 방법은 간접적으로 그를 돕습니다. 우리가 계속 수행하고 있고, 우리의 깨달음이 더욱 높아가기 때문입니다. 예를 들면 우리가 초지 이상 보살지에 오르면 진정 큰 힘을 갖추어 다른 사람을 충분히 도울 수 있습니다. 비록 지금은 직접 그들을 도울 방법이 없지만 우리에게 강한 믿음이 있고, 계속 노력하기 때문에 장차 깨달음이 점점 높아감에 따라, 예를 들면 초지 이상에 오르고, 심지어 불과佛果 불지佛地에 이르렀을 때 중생을 도울 수 있습니다. **발원이 매우 중요합니다. 약사불 같은 경우 그분은 수행 단계에 계실 때 "중생의 모든 질병을 소멸시키기를 바랍니다!"라고 발원하였습니다. 이 때문에 그분이 부처님이 되었을 때 이러한 힘을 갖추었습니다. 금강살타의 발원은 "장차 일체 중생의 악업을 청정히 할 수 있기를 희망합니다!"입니다. 그래서 그분은 일체 중생의 악업을 청정히 하는 힘을 갖추었습니다.**

사실 여러분은 사람의 업력을 보더라도 그것을 이렇게 들고 가버릴 방법이 없습니다. 자신의 업력 역시 타인에게 줄 방법이 없습니다. 마찬가지입니다. 다른 사람의 업력을 우리가 또한 가져올 방법이 없습니다. 어떤 사람들은 이러한 관상 수행을 하면 두려움과 걱정을 느낄 것입니다. 이렇게 다른 사람의 악업을 감당하겠다고 발원한 후에 나쁜 에너지 역시 자신에게 흡수되어 들어오는 것 같다고 느낄 수 있습니다. 자신은 지금 충분히 강하지 않고 수행이 아직 충분히 견고하지 않아 감당할 수 없는데, 이 때문에 더 많은 장애를 만들 것을 걱정합니다. 사실, 걱정할 필요 없습니다. 이 악업들은 여러분이 가져올 방법이 없기 때문입니다.

때문에 우선 우리들은 이 방법이 다른 사람을 도울 수 없다고 걱정할 필요가 없습니다. 왜 그런가요? 비록 즉시 그를 도울 방법이 없을지라도 간접적으로 진정 도울 수 있습니다. 간접적으로 자신의 깨달음이 천천히 증장되는 것을 통하여 진정으로 그를 도울 수 있습니다. 뿐만 아니라 우리에게 있는 강렬한 자비심과 보리심을 통하여 돕습니다. 이 힘은 진정으로 타인을 도울 수 있습니다. 아마도 지금은 아주 조금 도울 수 있을 뿐이겠지만 우리의 깨달음이 점점 높아감에 따라 미래에는 더 많이 도울 수 있습니다. 때문에 걱정할 필요가 없습니다. 간접적으로 우리는 여전히 다른 사람을 도울 수 있습니다.

두 번째, 이러한 관상 수행을 통해 우리가 다른 사람의 악업을 불러올 것이라는 것을 걱정할 필요가 없습니다. 인과의 업력은 가져오고 싶다고 가져올 수 있는 것이 아닙니다. 이렇게 걱정할 필요가 없습니다. 이 방법은 오히려 우리 업장을 청정하게 하는 좋은 방법입니다. 번뇌·고통을 통해 자비심을 관상 수행하여 보리심을 배양하는 아주 좋은 방법입니다. 이 방법은 우리의 번뇌, 우리의 문제가 의미를 갖게 합니다. **이러한 수행과 오체투지 수행은 이익이 같습니다. 그러므로 사실 모두가 매일 오체투지를 하고 있는 것과 같습니다.** 이 방법을 이해했다면, 문제를 만날 때마다 모두 여러분에게 의미 있는 수행이 됩니다. 이렇다면 우리의 공부는 아주 빠르게 완성될 것입니다. 여러분에게 문제가 많아진다면 공부 역시 사실 그럴수록 빨라집니다. 이게 좋습니다.

2. 금강살타

▌'금강살타' 좌복에서 일어났을 때의 수행법

존자님께서는 '금강살타' 좌복에서의 수행 방법을 말씀하셨습니다. 그러므로 나에게 일상생활에서 좌복에서 일어났을 때의 수행 방법을 지도하라고 하셨습니다.

둘째, 어떤 번뇌와 망상이 일어나더라도 일어나자마자 정념正念으로 알아차려 철저히 끊어버리고 집착 없는 본성에 머문다. 어떤 중생이건 내가 보고·듣고·기억나는 자, 특히 중죄를 지은 자에 대해서 금강살타를 정수리에서 관상 수행하고 백자진언을 염송한다.

모두가 이해해야 합니다. 이것은 이미 분명하게 쓰여 있습니다. 그래서 내가 더 이상 가르칠 필요가 없어야 합니다. 농담입니다! 가르칠 것입니다. 여기에서 "어떤 번뇌와 망상이 일어나더라도 일어나자마자 정념으로 알아차려"라고 말합니다. 어제 여기서 가장 주요하게 두 문제를 맞닥뜨릴 것이라고 언급하였습니다. **하나는 우리가 우리의 번뇌 또는 각종 문제가 만드는 고통에 직면해야 하는 것입니다. 둘째, 우리에게 번뇌 망상이 많다는 것입니다.** 생각은 마치 미친 원숭이 같아서 늘 끊임없이 날카롭게 떠들고 있습니다. 만약 우리가 망상을 따라 간다면 각종 문제가 생길 것입니다. 시작도 없던 때부터 왜 늘 그렇게 많은 문제가 생겼을까요? 왜 그럴까요? 미친 원숭이가 존재하고 있기 때문입니다. 이 때문에 지금 여전히 이 미친 원숭이를 따라 간다면 더 많은 문제가 생길 것입니다. 그러므로 여기에서 "**정념正念으로 철저히 끊어 버려야 한다**"고 말하였습니다. 또한 "우리는 더 이상 계속해서 이 미친 원숭이를 따라서는 안 된다"고 말하는 것입니다.

그렇다면 우리는 **어떻게 해야 이 미친 원숭이를 따르지 않을 수 있을까요? '정념'과 '정지正知'를 갖추어야 합니다.** 만약 이 둘을 갖추었다면, 이 미친 원숭이를 따르지 않을 것입니다. 그렇지 않으면 여러분은 늘 '나는 이 망상을 필요로 하지 않아, 나는 이 망상을 좋아하지 않아'라고 생각합니다. 이러한 생각 역시 쓸모가 없습니다. 예를 들면 지금 '나는 오늘 보드가야 대탑에 가야만 해'라고 생각합니다. 그곳은 아주 편안하고 아름답고, 꽃밭이 있고 풀밭이 있어, 오늘 나는 거기에서 하루 종일 앉아 있을 거라고 결정합니다. 또 좋은 간식도 준비했습니다. 햄버거·과일·각종 간식들을 모두 준비했습니다. 거기에서 참선 수행도 잘하고 기도 발원도 잘하려고 했습니다. 그런데 그곳으로 걸어갈 때 인도 경찰들을 보았습니다. 차들도 소리를 낼 것입니다. 게다가 인도 경찰이 긴 몽둥이를 들고 있습니다. 그 경찰이 여러분에게 뭐라 말할까요? 그는 말합니다. "내가 명령을 받았는데, 당신은 좋지 않은 사람이고 나쁜 사람이래. 오늘 이곳에 하루 종일 갇혀 있어야 해"라고. 그때 여러분은 어떠한 생각이 들까요? 생각해 보세요. 인도 경찰 4명이 엄숙하게 거기 서서 여러분을 보고 있습니다. 그때 여러분은 앉아 있고 싶습니까 아니면 도망가고 싶습니까?

"도망!" 좋은 대답입니다. 여러분 모두 통과했습니다. 여러분은 거기서 대기하고 싶지 않을 것이고 모두 도망치고 싶어 합니다. 어떤 일도 하지 않으려 할 것입니다. 왜 이렇게 내가 나갈 수 없게 제한하려 하는가? 종일 기다리고 싶지만 이 경찰들 때문에 심지어 5분조차도 기다리고 싶지 않습니다. 그렇죠? 이러할 것 같지요? "그렇습니다." 아주 좋습니다. 이 비유와 같습니다. **여러분이 늘 그 생각이 좋지 않다고 느낀다면 반드시 자신의 머리를 느슨하게 해야 합니다. 그렇지 않으면 도리어 이 생각이 더 강렬해지고 많아질 것입니다. 만약 여러분이 지나치게 힘을 쓴다면 자신에게 "나는 느슨하게 해야만 해, 공성이 필요해, 나는 더 분명한 능력을 펼쳐야 해"라고 알려줍니다. 여러분은 도리어 할 수 없습니다. 때문에 우리가 해야 하는 것은 바로 평상시의 모습, 평상심, 우리 본래의 면목입니다. 본래대로 이렇게 합니다.** 존자님께서 법문에서 언급하신 것처럼 **초심자는 우선 느슨하게 해야 합니다. 이것이 가장 중요합니다. 바로 느슨하게 —— 해야 합니다.**

여기에 이야기, 진짜 이야기가 있습니다. 4년 전 나는 법을 펴기 위해 유럽에 갔습니다. 델리에서 비행기를 탔는데, 그때 공항에 한 사람이 앉아 있었습니다. 매우 엄숙하게 머리를 비스듬히 한 채 나를 바라보고 있었습니다. 내가 프랑스에 있을 때 어떤 사람이 나에게 "당신은 불교 승려입니까?"라고 물었던 것과 같습니다. 당시 그는 "당신은 참선 수행을 합니까?"라고 물었습니다. 나는 "그렇습니다"라고 대답했습니다. 그가 말하길 "어떻습니까?" 나는 "좋습니다!"라고 말했습니다. 그 사람이 말하길 "나도 참선 수행을 좋아합니다. 그러나 늘 오래 앉아 있을 수가 없습니다." "나는 10분에서 15분을 앉아 있기만 하면 머리가 아프기 시작합니다. 심지어 5분을 더 앉아 있으면 토하려고 합니다"라고 했습니다. 그에게 말하였습니다. "당신도 시험해 볼 수 있습니다. 단지 느슨하기만 하면 좋습니다." 그가 말하길 "나도 느슨하게 하는 것을 시험해 본 적이 있습니다. 그러나 힘껏 느슨하게 할수록 더욱 머리가 아프다고 느꼈습니다"라고 했습니다. 나는 이상하다고 느꼈습니다. '이 사람은 어떻게 이렇지?'

그래서 나는 말하였습니다. "그럼 당신이 어떻게 참선 수행하는지 시범을 좀 보여주십시오. 내가 보겠습니다." 그 사람이 말하였습니다. "좋은 생각입니다." 그는 바로 내 옆에 앉았습니다. 그러고 나서 참선을 시작하였습니다. 그는 힘껏 그의 손을 잡았고 또 얼굴은 미소를 띠었습니다. 그러나 눈은 떨렸고 귀는 모두 곧추 섰습니다. 나는 단지 이 사람을 볼 뿐인데도 머리가 아팠습니다. 나는 급히 말하였습니다. "하지 마십시오! 참선하지 마십시오! 좋습니다. 이제 바꾸어 당신이 나를 보십시오. 내가 참선을 해보겠습니다. 당신이 나를 좀 보십시오." 나는 곧 앉았습니다. 평상시의 모습처럼 그는 놀라서 나를 보았습니다. 자세하게 나를 머리부터 발까지 보았습니다. 이때 탑승하라고 알렸습니다. 이 때문에 그 역시 일어나서 줄을 서 비행기를 탔습니다. 좌석이 달랐기 때문에 그후 마주치지 못했습니다. 나중에 프랑크푸르트에 도착했습니다. 줄을 서려는데 갑자기 또 그 남자와 마주쳤습니다. 그는 나를 보자 바로 인사를 하면서 말하였습니다. "나는 대략 무엇이 참선 수행인지 알았습니다." 그는 나의 시범을 보고서 기내에서 시험해 보았는데 어지럽지 않았다고 합니다.

이 때문에 "이 이야기에서처럼 너무 긴장할 필요가 없습니다." **각자 어떠한 관상, 금강살타·만달라 혹은 구루 요가, 어떤 수행을 할 때라도 가볍게 해야 합니다.** 각자 귀의처를 관상하고 지금강불을 관상할 때, 이미 어떻게 대상에 의지하여 관상 수행하는지를 알았습니다. 이것 역시 지止의 수행 방법입니다. **왜 이 방법이 지의 참선 수행에 속하는 것일까요? 왜냐하면 정수리 위 금강살타 혹은 앞쪽의 지금강불을 통해 우리가 정념을 유지하기 때문입니다.** 바로 우리 정념의 의지처입니다. 이 불상 관상을 통해 우리가 착란하지 않도록 도울 수 있습니다.

자기 정수리 위의 금강살타 혹은 앞쪽의 지금강불 관상을 통합니다. 이 불상을 대상으로 관상하는 것은 우리가 정지·정념을 배양하는 것을 돕습니다. 이것이 바로 지 수행 방법이라고 말할 수 있습니다. 마찬가지로 번뇌 망상을 마주쳤을 때 역시 같은 방법을 사용할 수 있습니다. 어떻게 합니까? **여러분이 망상을 알아차리고 번뇌를 알아차리는 것입니다. "생겨나는 대로 즉시 알아차리도록 한다"고 말합니다.**

우선 우리는 지금 함께 자신의 생각을 알아차립니다. 마치 미친 원숭이의 마음처럼 지금 많은 생각이 있습니다. 시작도 없던 때부터 지금까지 우리는 이 미친 원숭이의 마음을 알아차리지 못했습니다. 우리는 단지 그를 따를 뿐입니다. 그는 어디에 있습니까? 서양인들은 머리에 있다고 여길 수 있습니다. 동양인들은 마음에 있다고 여길 수 있습니다. 상관없습니다. 불교 입장에서 말하면 상관없습니다. 거기도 괜찮고 여기도 괜찮습니다. 그렇다면 예를 들어 이 미친 원숭이가 우리 머리에 있다면 우리는 이 생각을 처리할 두 가지 상황이 있습니다. 하나는 그를 따르는 것입니다. 이 생각이 작용하기만 하면, 우리는 즉시 그것을 따릅니다. 다른 하나는 '나는 이 생각을 좋아하지 않아. 나는 이 성난 마음을 혐오해. 나는 이 성난 마음을 필요로 하지 않아' 등 입니다. 예를 들자면 이 기둥이 좋지 않습니다. 정말입니다. '오! 이 기둥 안 좋아.' 이를 따라 생각하게 됩니다.

사실 **이 두 가지 모두 좋지 않습니다. 하나는 망상을 따르는 것이고, 다른 하나는 망상을 혐오하는 것입니다. 망상을 혐오할수록 도리어 여러분을 더욱 긴장하게 하고 조입니다. 그럼 어떻게 할까요? 아주 간단합니다. 여러분은 번뇌·망상과 친구가 되어야 합니다. 여러분이 망상을 따라 간다면 그것이 대장이 됩니다. 여러분이 혐오한다면 여러분의 적이 됩니다.** 적은 좋지 않고 나쁜 대장 역시 좋지 않습니다. 그러면 어떻게 해야만 할까요? **우리의 번뇌와 친구가 되는 것입니다. 이렇게 되면 이 번뇌 망상은 도리어 우리를 돕습니다.** 우리의 참선 수행을 돕습니다. 이해됩니까? 이것이 전체 개념입니다. 이러한 생각을 이어서 어떻게 수행하는지를 말하겠습니다. 매우 간단합니다. **단지 이 요점을 잡기만 하면 됩니다. 바로 —— 그것을 알아차리는 것입니다.** 아주 쉽습니다. 무엇을 '알아차리는 것'이라고 부를까요? 바로 **보고 있는 것, 망상을 보고 있는 것입니다. 마치 여러분이 집중해서 불상을 보고 있는 것과 같습니다. 마치 지금강불을 보고 있는 것과 같습니다.** 이렇게 우리는 지금의 망상 각각을 알아차리는 대상으로 변화시킬 수 있습니다. 평상시 망상은 단지 시끄럽고 복잡한 일어남일 뿐이고 여러분은 결코 그것을 보고 있지 않았습니다. 늘 '그것을 혐오하거나 그것을 따르고' 있었습니다.

그러므로 **여러분은 지금 아무것도 할 필요가 없습니다. 바로 '그것을 보고 있으면' 됩니다.** 망상을 보고 있습니다. 이때 이 생각은 우리 참선 수행에 도움을 주는 인연이 됩니다. 이 때문에 여러분에게 백 개의 망상이 있다면 매우 좋습니다! 여러분에게는 참선 수행을 돕는 백 개의 인연이 있습니다. 이 때문에 여러분은 더 이상 생각을 두려워할 필요가 없습니다. 왜 그런가요? 왜냐하면 우리가 지의 참선 수행을 말할 때, 가장 중요한 요점이 바로 '알아차림'·'정념'이기 때문입니다. 평상시 우리에게는 아주 많은 망상이 있습니다. 예를 들면, 이 염주는 염주알 하나가 하나를 따라서 끊임없이 돌아가고 있습니다. 하루 24시간 이렇습니다. 지금 여러분에게는 정념·알아차림이 생겼습니다. 여러분의 알아차림은 마치 이 엄지손가락이 염주를 세고 있는 것과 같습니다. 한 생각마다 여러분은 정념·알아차림으로 부딪쳤습니다. 여러분은 매 생각을 보고 있는 것과 같습니다. 바로 이와 같습니다.

이어서 여러분은 그것의 다름을 볼 것입니다. 지금 문제가 발생했습니다. 그것이 여러분이 알아차리는 것을 돕는 '엄지손가락'을 변하게 했습니다. 이 엄지손가락은 바로 알아차림과 정념입니다. 여러분은 결코 망상을 끊고 정지시켜야만 하는 것이 아닙니다. 이 망상이 여러분의 참선 수행을 돕습니다. 이 독약이 도리어 해독제로 변하였습니다. 마치 어제 여러분이 자비를 이용해 문제·번뇌를 처리했던 것처럼 이것은 문제·번뇌를 의미있게 만듭니다. 마찬가지입니다. 오늘 우리는 또 **이 '알아차리는 것'을 운용하여 우리의 번뇌 망상이란 독약을 해독제로 변하게 합니다.**

우리는 지금 함께 연습합니다. 우선 **여러분은 생각을 보고 있어야 합니다. 마치 지금강불을 보고 있는 것과 같습니다.** 여러분은 이미 지止의 기초가 있는 사람들입니다. 몇 번의 호흡하는 방법을 통하거나 한 물체에 집중하는 방식으로 참선을 합니다. 마찬가지로 이 방식은 단지 집중하는 대상을 우리의 생각으로 바꾸는 것에 불과합니다. 그러나 이 '알아차리는' 각성은 똑같습니다. 이 때문에 현재 여러분의 생각을 '알아차리는 것'입니다. 더 많은 생각도 괜찮습니다. 생각이 없다면 알아차릴 수 있는 것이 없습니다. 생각이 있어야 합니다.

(약 1분 후……)

느낌이 어떻습니까? 생각을 보았습니까? (어떤 사람이 대답하였다. 많은 생각)

그렇습니다. 우리에게는 많은 생각이 있을 수 있습니다. 이것이 정상입니다. 그러나 여러분이 그것을 알아차리지 못한다면 평상시와 아무런 차이가 없습니다. 이것은 결코 참선 수행이 아닙니다. 이렇게 많은 생각이 있는데 알아차리지 못한다면 사실 평상시 모습일 뿐입니다. 이처럼 하면서 성불할 수 있다고 여긴다면 그것은 안 됩니다. 여기에선 일어나는 생각이 있어야 됩니다. 그러나 중점은——우리가 그것을 보아야만 한다는 것입니다.

또 어떤 느낌과 경험이 있습니까? (어떤 사람이 대답했다. "생각을 볼 때마다 그 생각이 사라졌습니다.") 음! 좋습니다. (어떤 사람이 린포체에게 물었다. "우리가 '알아차렸을' 때, 이 '알아차림' 또한 망상입니까?)" 이 알아차림·정념, 그것은 생각입니다. 그러나 그것은 좋은 생각입니다. **'지止'와 '관觀'의 참선 수행은 다른 것입니다. 우리가 '지'수행을 하고 있을 때 여러분은 열심히 보는 자, 느끼는 자가 누구인지 보고 있을 필요가 없습니다. 필요하지 않습니다.** 왜냐하면 이것은 단지 '지의 참선 수행'을 하고 있기 때문입니다. 그러나 **'관의 참선 수행'을 하고 있을 때라면 '이 알아차리는 자가 누구인지'를 다시 관찰하는 다른 방법이 있습니다.** 이때 '이 관찰자가 누구인지를 관찰하려고 한다'는 것을 말한다면, 그것은 뱅글뱅글 도는 것이 될 것입니다. 마치 개가 꼬리를 쫒아서 달리는 것과 같습니다.

(계속해서 어떤 사람이 대답했다. "아주 분명합니다, 아주 똑똑합니다.") 이것은 아주 좋습니다.

(또 어떤 사람이 말했다. "마치 검은색의 스크린처럼 생각이 위에서 드러나 보입니다.")

지금 여러분이 생각을 보고 있을 때, 두 상황이 있을 것입니다. **첫째, '여러분이 생각을 볼 수 없다'는 것입니다.** 마치 방금 어떤 분이 말한 것과 같습니다. 여러분이 생각을 보자마자 바로 사라졌습니다. 보이지 않게 되었습니다. 그것이 가버렸습니다. 이것은 좋은 것입니다. 이는 가장 좋은 참선 수행 중 하나입니다. 왜 그럴까요? 왜냐하면 **생각이 흩어져 사라지고 가버린 후, 그렇게 한 공간이 있을 것입니다. 아마도 하나·둘의 찰나일 것입니다. 그것이 바로 우리가 '무소연無所緣'이라고 부르는 참선 수행입니다. 좋은 참선 수행은, 결코 무언가를 집착하는 것이 없습니다. 여러분에게 번뇌가 없고 생각도 없습니다.** 그러나 그 시간이 결코 길지 않을 것입니다. 1, 2초일뿐입니다. 아주 빠르게 또 다른 것이 일어납니다. 다시 그것을 보지만, 또 사라져서, 여러분은 다시 찾을 수가 없습니다.

하나하나의 생각과 번뇌는 매우 매우 미세하게 변합니다. 마치 여러분 뒤에 숨어 있는 것 같습니다. 어떤 곳에 숨어 있는 것 같습니다. 여러분은 그것을 볼 수 없습니다. 대만에서 우리가 버스를 기다리고 있을 때, "어! 차 왔다!", 여러분이 차에 타려고 할 때, 차가 떠나 버렸습니다. 차가 없어졌습니다. 왜 그럴까요? **여러분이 망상을 끊으려고 하면, 도리어 망상이 더 강력하게 변합니다. 그러나 번뇌를 직면하려고 할 때, 도리어 번뇌는 '쑥스러워서' 할 수 없이 가버립니다.** 마치 나체를 한 사람을 볼 때처럼, 그는 여러분이 보게 되면, 바로 도망가 숨어 버립니다. 그러나 여러분이 망상을 따라가는 것은 역시 좋지 않습니다. 그러므로 단지 그것을 보면 됩니다.

두 번째, '**여러분이 망상을 보고 있고 충분히 볼 수 있다**'는 것입니다.

그러나 그것은 여러분에게 영향을 미치지 않을 것입니다. 방금 어떤 사람이 대답한 것과 같습니다, "마치 스크린을 보고 있는 것 같습니다." 많은 생각이 나타나지만, 여러분 역시 알아차림을 유지하고 있습니다. 텔레비전을 보고 있지만, 여러분이 텔레비전 안에 있는 것이 아닌 것과 같습니다. **많은 영상이 나타나고 또 발생하고 있습니다. 그러나 여러분은 옆에서 이렇게 '그것을 보고 있습니다.'** 이것도 좋습니다. 이것 역시 가장 좋은 참선 수행 중의 하나입니다. 왜 그럴까요? 왜냐하면, 여러분이 **이 망상을 여러분의 참선 수행을 돕는 가장 좋은 보조 인연으로 바꿀 수 있기 때문입니다.**

방금 첫 번째 상황일 때, 여러분은 결코 이 느낌·망상을 이용하여 여러분의 참선 수행을 돕지 못합니다. 그러나 그것 역시 다른 '지의 참선 수행'입니다. 그것은 '무소연'의 '지의 참선 수행'이 됩니다. 두 번째 느낌은 **여러분의 망상을 이용하여 지의 참선 수행으로 변화시키는 것입니다. 충분히 그것을 알아차릴 수 있어야 합니다.** 각자의 '참선 수행'이 아주 쉽게 됩니다, 그렇죠? 이 때문에, 여러분이 망상을 충분히 알아차리고 볼 수 있어야 합니다. 이것이 바로 가장 좋은 참선 수행입니다. 그러나 여러분이 망상을 볼 수 없다 하더라도, 이것 역시 좋은 참선 수행입니다. 이 둘은 모두 매우 간단합니다. 여러분이 생각을 보고 있다면, 그것은 단지 두 가지 가능성이 있을 수 있습니다. 하나는 여러분이 그것을 본 것이고, 다른 하나는 여러분이 그것을 볼 수 없는 것입니다. 이 둘은 모두 매우 좋은 참선 수행 방법이어서 참선 수행이 쉬워지게 됩니다.

만약 이렇게 할 수 있게 된 이후라면요? 집착이 저절로 안 생길 것입니다.

어떠한 번뇌 망상이건 간에, 그것이 수시로 일어날 때, 만약 그것을 지각할 수 있다면, 이때 그 자연스러운 결과, 바로 참선 수행의 장점 —— 무집無執(집착 없음)·무소집無所執(집착의 대상 없음)의 결과가 바로 자연스럽게 생겨날 것입니다.

여기 어떤 사람에게 문제가 있습니다. 그의 망상 혹은 생각은 늘 너무 길고, 너무 깊고, 너무 많다는 것입니다.

이야기를 하나 들어 설명하겠습니다. 이러한 문제가 있을 때 이 부분을 풀이하는 두 가지 방법이 있습니다. **하나는 망상 자체이고, 다른 하나는 망상의 대상입니다.** 예를 들면, 여러분이 이렇게 말하는 것과 같습니다. "나는 처우 떠우푸를 먹으러 식당에 가려고 해." 이때 '처우 떠우푸'는 망상의 '대상'이 됩니다. 누가 그 '경계'를 만들었습니까? 바로 여러분의 '가고 싶다'는 이 망상이 만든 것입니다. 그러므로 망상 자체와 그 대상, 이 둘은 모두 여러분 참선 수행의 방식일 수 있습니다.

▌'소 참선 수행' 이야기

여기에 소 참선 수행 이야기가 있습니다. 무엇이 소 참선 수행인가요? 소 치는 사람이 있습니다. 그는 한평생 소를 돌보고 있습니다. 그는 거의 60여 년의 시간을 매일 소들을 돌보기 위해, 아침・점심・저녁 세 끼를 먹이고 소를 초원에 방목하였습니다. 그가 60세가 되었을 때, '매일 똑같은 일을 하고 있으니, 정말 무료해!'라는 생각이 들었습니다. '나는 다른 일이 있어야만 해. 나는 윤회에서 벗어나야만 해.' 그는 말했습니다. "나는 지금 산 위로 참선 수행을 하러 가야겠어." 그는 자신의 일을 버리고 곳곳으로 스승을 찾으러 다녔습니다. 산속 동굴에서 그는 인도의 수행자를 발견했습니다. 금강승 수행자가 산속 동굴에서 수행하고 있었습니다. 큰 눈을 뜨고 허공을 응시하고 있었습니다. 높은 상투가 있고 배는 좀 불룩했고, 뿐만 아니라 큰 귀걸이를 하고 있었습니다. 그는 이 수행자를 보고 매우 기뻤습니다. 그리고 '이 사람은 틀림없이 대단한 수행자일거야'라고 생각했습니다. 그래서 그는 수행자에게 선 수행을 지도해달라고 청하였습니다. 수행자가 말하였습니다. "나는 너를 가르칠 것이다."

수행자는 그에게 **'무소연'의 참선 수행을 가르쳤습니다. 바로 '느슨하게 하는 것'** —— 무소연의 참선 수행입니다. 이 역시 지의 참선 수행입니다. 혹은 호흡에 전념하거나 앞쪽의 돌을 보고 있는 것입니다. 이것은 매우 기초적인 '지의 참선 수행'입니다. 옆쪽에 또 작은 동굴이 있어서 그는 그곳으로 가서 좌선하였습니다. 그러나 그는 참선 수행을 할 수 없었습니다. 너무 망상이 많았습니다! 더욱이 소들이 뛰어 나왔습니다. 모든 소들이 다 나타났습니다. 그는 늘 '소야, 다시 오지 마라!'라고 생각했지만, 소는 또 오고 끊임없이 오고 매일 더 많은 소가 왔습니다. 뿐만 아니라 더욱 분명해졌습니다. 더욱이 그 뿔소, 왜냐하면 그가 사실 뿔소를 대단히 좋아했기 때문입니다. 그래서 그는 실제 너무 상심하고 슬퍼했습니다. '이 소들, 너무 나빠!'

그는 스승한테 뛰어가서 울었습니다. 그는 말하였습니다. "저는 사실 참선 수행을 할 수가 없습니다." 스승이 말하였습니다. "왜 그런가?" 그가 말하였습니다. "바로 저 소들입니다! 저 소들이 늘 제 참선 수행으로 뛰어옵니다. 저는 참선 수행을 할 수가 없습니다! 너무 많은 소의 망상이 있습니다. 저는 늘 소를 생각했고, 본 것 역시 소의 그림입니다. 뿐만 아니라 길을 걸을 때에도 '워 — 워 — 워'라고 소리 지릅니다." 스승이 말하였습니다. "상관 없다. 나는 너에게 소 참선 수행을 가르칠 것이다." 그는 얼마나 놀랄까? 그게 무슨 방법일까? 무엇이 '소 참선 수행'인가?

"너에게 '소'의 생각이 일어날 때, 너는 그 소에 집중해라. 너는 그 소를 볼 수 있고, 알아차릴 수 있다. 또 네가 그 소를 생각했을 때 너는 바로 그 소를 알아차려라. 그 소는 도리어 네가 알아차리고 분산시키지 않은 것을 돕게 된다. 이 때문에 소는 더 이상 문제가 되지 않는다. 도리어 백 마리, 천 마리가 너의 참선 수행을 돕는다. '소가 소를 보고 있다. 마음속으로 보고 있다. 소가 있다… 너는 그들에게 풀을 주고 있다… 그러고 나서 너는 그들을 초원에 방목해야 한다… 소가 걸어가고 있다… 돌아왔다… 우리에 넣었다….' 이와 같다." 그는 듣고 매우 기뻤습니다! 이것은 정말 좋은 방법이야. 그는 동굴로 돌아와서 '소 참선 수행'을 시작했습니다. '지금은 아침밥… 점심밥… 처우 떠우푸를 먹인다….' 몇 개월 후, 그의 마음은 평안해졌고, 느슨해졌고 온갖 번뇌도 줄었습니다. '즐거움·밝음·무념'의 '지 느낌' 역시 모두 일어났습니다.

서양 과학자들은 말합니다. "왜 우리들은 그렇게 많은 번뇌가 생길까?" 왜 그럴까요? 심지어 1, 2초처럼 짧은 시간조차도 우리들은 한 물체에 집중할 수가 없습니다. 이 때문에 우리는 자유가 없습니다. 그러나 참선 수행 경험자 입장에서 말하자면, 한 대상에 긴 시간동안 집중할 수 있습니다. 아마도 1분, 4분 혹은 5분. 이 때문에 그는 매우 자유롭고 자기 마음의 주인이 될 수 있습니다. 생각이 있는 것도 좋고, 생각이 없는 것도 좋습니다. 모두 됩니다. 이것은 여러분이 자신의 마음을 장악할 수 있고, 여러분의 마음은 만들어내는 작용이 있고, 나아가 여러분은 자기 마음의 주인이 될 수 있다는 것을 나타냅니다. 각종 대상의 방법을 통하여 이러한 목적에 도달할 수 있습니다. 더욱이 자신의 많은 번뇌나 가장 큰 문제가 도리어 여러분을 가장 크게 도울 수 있습니다. 마치 저 소치는 사람이 소를 이용하여 '경안輕安'에 도달한 것처럼 말입니다.

그 소치는 사람은 사실 너무 기뻤습니다. 이러한 경안을 얻었기 때문입니다. 그는 또 스승한테 뛰어가서 말하였습니다. "스승님! 저의 마음이 정말 열리고, 느슨해지고, 자유로워진 것을 느꼈습니다. 그럼 두 번째 단계의 방법은 없습니까?" 이때 스승이 말하였습니다. "있다, 있어. 두 번째 방법이 있다. 이 두 번째 단계 '소 참선 수행'은 바로 관상을 필요로 한다. 너 자신이 소이다."

그는 또 자신의 동굴로 돌아와서 소 한 마리를 관상합니다. 네 다리건 네 손이건 상관없습니다. 뿔이 있습니다. 길고 큰 뿔입니다. 사실 뿔소를 대단히 좋아하기 때문입니다. 그의 입장에서 말하자면, 이 관상은 너무 쉽습니다. 뿐만 아니라, 긴 입이 있어서 때로 "우… 나는 소야"라고 할 수 있습니다. 그는 더욱 기뻐졌습니다. 이 방식을 통해 그의 마음은 더욱 주인 노릇을 할 수 있었습니다. 뿐만 아니라 경안의 시간이 더욱 길어졌습니다. 또 스승을 찾아갔습니다. 그는 너무 기뻐서 스승께 감사했습니다. 그러고 나서 세 번째 단계가 있는지 없는지를 여쭈었습니다. 스승이 말하였습니다. "세 번째 단계의 '소 참선 수행'은 없다. 세 번째 방법은 네가 단지 그 소의 '뿔'에 집중하기만 하면 된다."

그는 또 동굴로 돌아와, '나는 소이다' 뿐만 아니라 소의 그 '뿔'을 관상했습니다. 6, 7개월이 지났습니다. 그는 이렇게 수행하고 수행하고 수행한 후, 어느 날 그가 마침 동굴을 나오려고 할 때, 그의 머리가 마치 무엇에 부딪친 것 같았습니다. 또 어떤 소리——"커우!"가 났습니다. 그가 만져보니 머리에 뿔이 났습니다! '나 뿔이 생겼어!' 그는 무서워서 생각했습니다. '나는 지금 정말 두려워.' 마귀 같았습니다. 그는 울었습니다! 급히 스승을 찾아 뛰어갔습니다. 그는 말하였습니다. "모두 당신이 나에게 '소 참선 수행'을 하라고 해서입니다. 지금 뿔이 자랐어요. 어떻게 합니까?" 스승은 크게 웃었습니다! 그는 말하였습니다. "너는 지금 '소 참선 수행' 네 번째 단계로 들어갈 수 있는 능력이 생겼다." 스승은 그에게 알려주었습니다. 네 번째 단계의 참선 수행은 무엇인가? 바로 '너는 더 이상 소가 아니고, 또한 뿔이 없다는 것'이다.

그는 또 돌아가서 몇 개월 동안 참선 수행을 했습니다. 어느 날, 그가 문을 나서려고 할 때, 발견했습니다. "이에!" 그에게 뿔이 없어졌습니다. 그는 매우 기쁘고 또 놀라웠습니다. 스승께 물었습니다. "왜 제가 뿔이 있다고 관상할 때는 정말 뿔이 있었는데, 제가 뿔이 없다고 관상할 때는 뿔이 없어졌습니까?" 스승이 말하였습니다. **"그 소뿔은 너의 마음이 만든 것이다. 이 때문에 네가 뿔이 있다고 느낄 때는 있고, 없다고 느낄 때는 사라진다. 왜 그럴까? 소뿔은 공성이기 때문이다. 소뿔만 이러한 상황일뿐 아니라, 일체 만법, 일체 외부 모양 역시 이러한 상황이 만든 것이라고 이야기한다. 너의 신체도 공성이고, 외부 세계도 공성이고, 육도六道 역시 공성이다."** 이때 그는 이 공성을 '관 수행하는 것'을 명료하게 이해했습니다. 이 때문에 그는 지의 참선 수행으로부터 관으로 진입하였습니다. 그 후 대성취자가 되었습니다. 그러므로 여러분들 역시 이와 같이 할 수 있습니다. 비록 여러분이 소치는 사람은 아닐 수 있지만, 여러분은 자신의 핸드폰을 이용하여 참선 수행할 수 있습니다, "오! 나는 핸드폰이야. 나에게는 안테나가 있어, 삐——". 이후 여러분은 '핸드폰 대성취자'가 될 것입니다!

이어서 "특히 중죄를 지은 자를 관상하는데, 금강살타를 정수리에서 관상 수행하고 백자진언을 염송한다"를 말하겠습니다. 이 단락은 '여러분이 다른 사람을 위해 금강살타를 수행할 수 있다'는 것을 말합니다. 예를 들면 죄가 특별히 무거운 사람이 있습니다. 여러분이 금강살타를 그의 정수리 위에서 관상하고 백자진언을 염송하여 그를 축복할 수 있습니다. 우리의 친척·친구 혹은 병이 난 사람일 수 있습니다. 심지어 임종하는 사람일 수 있습니다. 우리는 금강살타를 그들의 머리에 모시고 관상할 수 있습니다. 혹은 심지어 우리의 적 또한 이 관상 수행 방식을 통하여 자신의 성난 마음을 소멸시킬 수 있다고 말합니다.

3. 만달라

이어서 '만달라'를 설명하겠습니다. 존자님께서 아침에 이미 자세하게 설명하셨습니다. 만달라의 관상입니다. 앞쪽에 연꽃이 있고, 위에 보좌가 있고, 보좌에 지금강불이 계시고, 앞쪽엔 본존, 오른쪽엔 부처님, 뒤쪽엔 정법, 왼쪽엔 승가가 있습니다. 기본적으로 귀의할 때의 관상과 비슷합니다. 다만 귀의의 그 보좌가 매우 클 뿐입니다.

우선 여러분은 왼손으로 쌀을 좀 들고서 만달라를 듭니다. 오른손 역시 쌀을 좀 들고서 처음 시작할 때 오른쪽 시계 방향으로 두 번 돌리고, 그후 다시 반시계 방향 왼쪽으로 한 번 돌립니다. 그러고 나서 오른손의 쌀을 만달라에 뿌립니다. 여러분이 든 것이 쌀이건, 보석이건, 약이건 간에, 그뒤 다시 쌀을 좀 많이 듭니다.

먼저, 여러분은 만달라의 가운데에 한 더미를 놓습니다. 그러고 나서 다시 한 더미를 앞쪽, 오른쪽에 놓습니다. 자신 쪽, 다시 왼쪽으로, 그러고 나서 서북방쪽입니다. 바로 앞쪽과 왼쪽의 중간에 한 더미를 놓습니다. 다시 동남쪽입니다. 바로 오른쪽과 자신 쪽의 가운데에 한 더미를 놓습니다. 이렇게 일곱 번이고 일곱 더미입니다(105쪽 일곱 더미 공양 도표를 보십시오). 이해합니까?

우선 시작하는 것은 오른쪽 시계 방향으로 두 번 돌립니다. 다시 시계 반대방향으로 한 번 돌립니다. 그러고 나서 숫자를 세기 시작할 때, 오른쪽으로 한 번, 다시 왼쪽을 한 번 돌립니다. 그러고 나서 가운데·앞쪽·오른쪽·자기쪽·왼쪽·왼쪽 위·오른쪽 아래, 이해합니까?

이어서 다시 한 번 하는 것은 바로 공양할 때입니다. 한 번 깨끗이 하는 것이 좋습니다. 우선 오른쪽으로 한 번 돌리고, 다시 왼쪽으로 한 번 돌립니다. 그러고 나서 가운데·앞쪽·오른쪽·자기쪽·왼쪽·왼쪽 위·오른쪽 아래입니다. 왼쪽 위와 오른쪽 아래는 각각 해와 달을 나타냅니다. 다시 한 번 할 때, 먼저 깨끗이 쓸어내는데, 오른쪽으로 돌리는 방식으로 깨끗이 쓸어냅니다. 그러고 나서 쌀을 가지고 왼쪽으로 돌리고, 가운데·앞쪽·오른쪽·자기쪽·왼쪽·왼쪽 위·오른쪽 아래에 놓습니다. 이해합니까?

(즉, 가운데 한 더미 이후, 시계 방향에 따르는 4개 정방향 12·3·6·9시 방향, 이어서 왼쪽 위 10시 반 방향과 오른쪽 아래 4시 반 방향이 일곱 더미 공양의 위치이다.)

여기서 관상해야만 하는 것은 무엇입니까? 중간은 수미산이고, 사방 끝은 각각 사대주입니다. 왼쪽 위와 오른쪽 아래는 해와 달입니다. 여러분은 어떤 것이건 가장 진귀한 것을 모두 여기에서 공양한다고 관상할 수 있습니다. 보기 좋은 것, 향기 나는 것, 입는 것, 좋은 것, 좋은 집, 좋은 차, BMW벤츠, 처우 떠우푸…… 모두 공양합니다. 아마도 부처님은 처우 떠우푸를 좋아하지 않을 수 있지만, 여러분이 공양하고 싶다면 무엇이든 됩니다. 더욱이 당신이 집착이 강한 사람이라면, 이렇게 합니다. 이렇게 반복해서 한 뒤에, 빛으로 변하여 하나로 합쳐집니다. 바로 앞쪽에 있는 것들이 모두 빛으로 변하여 지금강불로 스며들어 가고, 그러고 나서 지금강불이 다시 여러분 자신에게로 스며들어 옵니다.

두 번째는 좌복에서 일어났을 때의 수행을 말하겠습니다.

'두 번째'의 뜻은 이것입니다. 우리는 최선을 다해 각종 보시를 할 수 있습니다. 예를 들면, 가난한 사람에게 보시하거나 어떠한 공양이라도 우리는 할 수 있습니다. 불탑·불상·경전·향을 피우고 절하기 등등, 이것들 모두 할 수 있습니다.

4. 구루 요가

이어서 '구루 요가' 수행에 들어가려 합니다. **'구루 요가' 수행은 주로 '가피'를 얻고, '변화'를 이루는 수행 법문입니다.** 그런데 이 '변화'와 '가피'는 은밀한 것이고 드러낼 수 없는 것입니다. 만약 너무 떠벌린다면 안 됩니다. 큰 소리로 자신이 '구루 요가'를 수행하고 있다고 선포한다면, 이것은 안 됩니다. 그러므로 이제 사진·촬영 및 녹음을 모두 거두어 주시기 바랍니다.

'구루 요가'의 의궤 수행과 관련하여, 수행자는 반드시 구전과 가르침을 얻어야 수행할 수 있습니다.

까르마빠의 설법을 듣는 것은 부처님의 설법을 삼가 듣는 것과 같습니다

우리는 이번에 직접 존자님에게서 관정을 받았을 뿐만 아니라, 존자님의 가르침을 얻었습니다. 사실 이는 매우 얻기 어려운 것입니다. 왜냐하면 존자님, 그분은 정말 부처님이신데, 단지 사람의 모습으로 나타나신 분이기 때문입니다. 우리는 석가모니불을 볼 수 없습니다, 아마도 지금강불을 친견할 방법이 없을 것입니다. 왜 그럽니까? 우리는 '지혜의 몸'을 볼 수 없습니다. 우리의 장애 때문입니다. 사실, **아미타불도 좋고 지금강불도 좋습니다. 그분들은 우리의 앞에 계시고, 그분들이 나타나셨습니다. '그분들이 바로 저쪽에 계십니다.' 다만 우리가 그분들**

을 볼 수 없을 뿐입니다. 왜 그럽니까? 우리의 장애 때문입니다. 아미타불은 우리에게 직접 가르쳐주고 지도해 줄 방법이 없습니다. 또한 우리에게 관정을 줄 수 없습니다. 그러나 아미타불은 대자대비를 갖추고 계십니다. 때문에 보통 사람 모습의 화신으로 나타나십니다. 마치 우리 존자님 까르마빠와 같습니다. 우리와 똑같은 사람 몸을 갖고 있는 사람입니다. 태어나 늙을 것이고, 화장실도 가야 하고, 공부도 해야 하고, 때로 병도 날 것입니다. 우리와 똑같습니다. 때문에 우리는 그분을 따를 수 있고, 그분을 본받을 수 있습니다. 제불 지혜의 몸은 우리가 볼 수 없지만, 사람의 몸은 우리와 같아서 볼 수 있습니다. 이를 '화신'이라 부릅니다. 그래서 까르마빠 존자님께서는 부처님입니다.

승의제 입장에서 말하자면, 까르마빠 존자님께서는 부처님입니다. 그러나 세속제의 입장에서 말하자면, 까르마빠 존자님께서는 부처님의 화신입니다. 그러므로 사실상 까르마빠 존자님께서는 심지어 아미타불보다, 부처님보다 더 우리에게 자비롭습니다. 왜 그럽니까? 지금강불은 우리에게 직접 관정을 주거나 가르쳐줄 방법이 없습니다. 그러나 까르마빠 존자님께서는 직접 우리에게 관정을 주시고, 가르침을 주십니다. 당신이 성불하고 싶다면, 당신은 이 가르침을 받아야 합니다. 당신은 참선 수행을 해야 합니다. 당신이 이러한 가르침들을 듣고 실제 참선 수행을 하지 않는다면, 부처님은 당신을 '불과산佛果山'으로 데려갈 방법이 없습니다. 마치 돌을 던지는 것처럼 당신을 불과산으로 던져버리는 것은 불가능합니다. 당신이 정말 지금강불을 볼 수 있다 해도 그분이 무엇을 할 수 있습니까? 그분 역시 오직 할 수 있는 것은 당신에게 불법을 보여주는 것일 뿐입니다. 그분은 당신을 위해 더 많은 것을 할 수 없습니다. 그러나 마찬가지로 이러한 가르침들을 우리는 까르마빠 존자님을 따라 할 수 있고, 또한 똑같이 얻을 수 있습니다, 그렇지요?

법통수행『4불공가행』밍규르 린포체 복습 강의 과정
인도 보드가야 떼갈 사원에서
2006년 12월 26일 저녁 9시 원만히 하다

부록 2

금강총지 기원문(마하무드라 전승 기원문)

༄༅། །རྡོ་རྗེ་འཆང་ཆེན་ཏེ་ལོ་ན་རོ་དང་། །མར་པ་མི་ལ་ཆོས་རྗེ་སྒམ་པོ་པ། །

དུས་གསུམ་ཤེས་བྱ་ཀུན་མཁྱེན་ཀརྨ་པ། །ཆེ་བཞི་ཆུང་བརྒྱད་བརྒྱུད་པ་འཛིན་རྣམས་དང་། །

འབྲི་སྟག་ཚལ་གསུམ་དཔལ་ལྡན་འབྲུག་པ་སོགས། །ཟབ་ལམ་ཕྱག་རྒྱ་ཆེ་ལ་མངའ་བརྙེས་པའི། །

མཉམ་མེད་འགྲོ་མགོན་དྭགས་པོ་བཀའ་བརྒྱུད་ལ། །གསོལ་བ་འདེབས་སོ་བཀའ་བརྒྱུད་བླ་མ་རྣམས། །

བརྒྱུད་པ་འཛིན་ནོ་རྣམ་ཐར་བྱིན་གྱིས་རློབས། །

지금강불 · 띨로빠 · 나로빠 · 마르빠 · 밀라레빠 · 법왕 감뽀빠
삼세 일체법을 아시는 까르마빠 4대 8소 법맥의 전승 조사
디궁 · 딱룽 · 첼빠 · 거룩한 둑빠 등 심오한 차제인 마하무드라를 성취하신
비할 데 없는 중생들의 보호주 닥뽀 까규께 기원합니다.
까규파 스승들께서 전승을 지키고 성취하신 것처럼 되도록 가피하소서.

ཞེན་ལོག་སྒོམ་གྱི་རྐང་པར་གསུངས་པ་བཞིན། །ཟས་ནོར་ཀུན་ལ་ཆགས་ཞེན་མེད་པ་དང་། །
ཚེ་འདིའི་གདོས་ཐག་ཆོད་པའི་སྒོམ་ཆེན་ལ། །རྙེད་བཀུར་ཞེན་པ་མེད་པར་བྱིན་གྱིས་རློབས། །

출리심이 수행의 발이라 가르치신 것처럼
모든 음식·재물에 애착이 없고,
이생에 집착의 끈을 끊어버린 수행자에게
이익과 명예에 대한 집착이 없도록 가피하소서.

མོས་གུས་སྒོམ་གྱི་མགོ་བོར་གསུངས་པ་བཞིན། །མན་ངག་གཏེར་སྒོ་འབྱེད་པའི་བླ་མ་ལ། །
རྒྱུན་དུ་གསོལ་བ་འདེབས་པའི་སྒོམ་ཆེན་ལ། །བཅོས་མིན་མོས་གུས་སྐྱེ་བར་བྱིན་གྱིས་རློབས། །

공경이 수행의 머리라고 가르치신 것처럼
가르침의 보장문을 열어 주시는 스승님!
항상 기도하는 수행자에게
진실한 공경이 일어나도록 가피하소서.

ཡེངས་མེད་སྒོམ་གྱི་དངོས་གཞིར་གསུངས་པ་བཞིན། །གང་ཤར་རྟོག་པའི་ངོ་བོ་སོ་མ་དེ། །
མ་བཅོས་དེ་ཀར་འཇོག་པའི་སྒོམ་ཆེན་ལ། །བསྒོམ་བྱ་བློ་དང་བྲལ་བར་བྱིན་གྱིས་རློབས། །

산란하지 않음이 수행의 본체라 가르치신 것처럼
분별의 본성으로 떠오르는 그것에
무위로 머무는 수행자에게
명상의 대상이 마음에서 떨어지도록 가피하소서.

རྣམ་རྟོག་ངོ་བོ་ཆོས་སྐུར་གསུངས་པ་བཞིན། །ཅི་ཡང་མ་ཡིན་ཅིར་ཡང་འཆར་བ་ལ། །
མ་འགགས་རོལ་པར་འཆར་བའི་སྒོམ་ཆེན་ལ། །འཁོར་འདས་དབྱེར་མེད་རྟོགས་པར་བྱིན་གྱིས་
རློབས། །

생각의 자성이 법신이라고 가르치신 것처럼
그 무엇도 아니면서 그 무엇으로도 나타남에
막힘없는 환유로 현현하는 수행자에게
윤회와 열반이 둘이 아님을 깨닫도록 가피하소서.

སྐྱེ་བ་ཀུན་ཏུ་ཡང་དག་བླ་མ་དང་། །འབྲལ་མེད་ཆོས་ཀྱི་དཔལ་ལ་ལོངས་སྤྱོད་ཅིང་། །
ས་དང་ལམ་གྱི་ཡོན་ཏན་རབ་རྫོགས་ནས། །རྡོ་རྗེ་འཆང་གི་གོ་འཕང་མྱུར་ཐོབ་ཤོག །

세세생생 바른 스승 여의지 않고
수승한 법의 가르침을 누리며
5도와 10지의 공덕 완전히 이루어
지금강불의 과위에 속히 이르게 하소서.

부록 3

극락정토 왕생 발원문

ཨེ་མ་ཧོ༔ 에마호

ངོ་མཚར་སངས་རྒྱས་སྣང་བ་མཐའ་ཡས་དང་༔

　　희유하신 아미타불과

གཡས་སུ་ཇོ་བོ་ཐུགས་རྗེ་ཆེན་པོ་དང་༔

　　오른쪽에 대비관세음보살

གཡོན་དུ་སེམས་དཔའ་མཐུ་ཆེན་ཐོབ་རྣམས་ལ༔

　　왼쪽에 대세지보살을

སངས་རྒྱས་བྱང་སེམས་དཔག་མེད་འཁོར་གྱིས་བསྐོར༔

　　무량한 불보살님들이 에워싸고 있는

བདེ་སྐྱིད་ངོ་མཚར་དཔག་ཏུ་མེད་པ་ཡི༔

　　한량 없는 묘락의

བདེ་བ་ཅན་ཞེས་བྱ་བའི་ཞིང་ཁམས་དེར༔

　　극락정토 그곳에

བདག་ནི་འདི་ནས་ཚེ་འཕོས་གྱུར་མ་ཐག༔

　　제가 이제부터 목숨이 다할 때까지

སྐྱེ་བ་གཞན་གྱིས་བར་མ་ཆོད་པ་རུ༔

그리고 다른 생에서도 끊임없이

དེ་རུ་སྐྱེས་ནས་སྣང་མཐའི་ཞལ་མཐོང་ཤོག༔

거기에 태어나서 아미타불을 친견하게 하소서.

དེ་སྐད་བདག་གིས་སྨོན་ལམ་བཏབ་པ་འདི༔

제가 지금 이와 같이 발원하오니

ཕྱོགས་བཅུའི་སངས་རྒྱས་བྱང་སེམས་ཐམས་ཅད་ཀྱིས༔

시방의 제불보살님들께서

གེགས་མེད་འགྲུབ་པར་བྱིན་གྱིས་བརླབ་ཏུ་གསོལ༔

장애 없이 이루어지도록 가피하소서.

ཏདྱ་ཐཱ༔པཉྩ་དྲི་ཡ་ཨ་ཝ་བོ་དྷ་ནཱ་ཡེ་སྭཱ་ཧཱ༔

따야타 뻰짜디야 아와 보다나예 소하

ཕྱོགས་དུས་རྒྱལ་བ་སྲས་བཅས་དགོངས༔

시방삼세 불보살님들께서 보살펴 주소서.

ཚོགས་གཉིས་རྫོགས་ལ་རྗེས་ཡི་རང༔

지혜·복덕 자량이 원만함을 수희하오며

བདག་གིས་དུས་གསུམ་དགེ་བ་བསགས་པས༔

제가 삼세 동안 쌓은 선업을

དཀོན་མཆོག་གསུམ་ལ་མཆོད་པ་འབུལ༔

삼보에 공양하오니

རྒྱལ་བའི་བསྟན་པ་འཕེལ་གྱུར་ཅིག༔

부처님의 가르침이 흥성하게 하소서.

དགེ་བ་སེམས་ཅན་ཀུན་ལ་བསྔོ༔

선업을 중생들에게 회향하오니

འགྲོ་ཀུན་སངས་རྒྱས་ཐོབ་གྱུར་ཅིག༔

모든 중생이 성불하게 하소서.

དགེ་རྩ་ཐམས་ཅད་གཅིག་བསྡུས་ཏེ༔

일체 선근을 한데 모아

བདག་གི་རྒྱུད་ལ་སྨིན་གྱུར་ཅིག༔

제 마음에서 성숙되게 하소서.

སྒྲིབ་གཉིས་དག་ནས་ཚོགས་རྫོགས་ཏེ༔

번뇌장과 소지장을 청정히 하여 자량이 원만하며

ཚེ་རིང་ནད་མེད་ཉམས་རྟོགས་འཕེལ༔

무병 장수하고 깨달음이 증장되어

ཚེ་འདིར་ས་བཅུ་ནོན་གྱུར་ཅིག༔

이생에서 십지에 오르게 하소서.

ནམ་ཞིག་ཚེ་འཕོས་གྱུར་མ་ཐག༔

언젠가 목숨이 다하면 그 즉시

བདེ་བ་ཅན་དུ་སྐྱེ་གྱུར་ཅིག༔

극락왕생 하게 하소서.

སྐྱེས་ནས་པད་མའི་ཁ་བྱེ་སྟེ༔

태어나서 연꽃이 필 때

ལུས་རྟེན་དེ་ལ་སངས་རྒྱས་ཤོག༔

이 몸으로 성불하게 하소서.

བྱང་ཆུབ་ཐོབ་ནས་ཇི་སྲིད་དུ༔

보리과를 성취한 이후에도

སྤྲུལ་པས་འགྲོ་བ་འདྲེན་པར་ཤོག༔

화신으로 중생들을 제도하게 하소서.

부록 4

회향문

བསོད་ནམས་འདི་ཡིས་ཐམས་ཅད་གཟིགས་པ་ཉིད། །

이 공덕으로 모든 것을 다 아는 부처님의 자성을 깨달아

ཐོབ་ནས་ཉེས་པའི་དགྲ་རྣམས་ཕམ་བྱས་ནས། །

번뇌의 적들을 항복시키고

སྐྱེད་ཀ་ན་འཆིའི་ཆ་རླབས་འཁྲུགས་པ་ཡི། །

생로병사의 파도가 넘실되는

སྲིད་པའི་མཚོ་ལས་འགྲོ་བ་སྒྲོལ་བར་ཤོག །

윤회의 바다에서 중생들을 해탈하게 하소서.

부록 5

4공가행: 네 가지 공통으로 하는 예비수행

1. 사람 몸의 보배로움

དང་པོ་བསྒོམ་བྱ་དལ་འབྱོར་རིན་ཆེན་འདི། །

당보곰자델졸린첸디

ཐོབ་དཀའ་འཇིག་སླ་ད་རེས་དོན་ཡོད་བྱ། །

톱까직라다레돈요자

첫째, 이 보배로운 가만한 사람 몸은
얻기 어렵고 소멸되기 쉬우니 지금 의미있게 해야 함을 명상한다.

2. 죽음의 무상함

གཉིས་པ་སྣོད་བཅུད་ཐམས་ཅད་མི་རྟག་ཅིང་། །

니빠뇌쭈탐째미딱찡

སྒོས་སུ་འགྲོ་བའི་ཚེ་སྲོག་ཆུ་བུར་འདྲ། །

괴쑤돌외체쏙추불다

ནམ་འཆི་ཆ་མེད་ཤི་ཚེ་རོ་རུ་འགྱུར། །

남치차메시체로루귤

དེ་ལ་ཆོས་ཀྱིས་ཕན་ཕྱིར་བརྩོན་པས་བསྒྲུབ། །

데라최끼펜칠쬔빠둡

둘째, 일체 세간과 유정이 무상하고
더욱이 중생의 목숨은 물거품과 같아
언제 죽을지 모르고 죽으면 시체가 되기에
그때 법이 이익을 주니 정진해야 함을 명상한다.

3. 인과와 업

གསུམ་པ་ཤི་ཚེ་རང་དབང་མི་འདུ་བས། །

쑴빠시체랑왕미두왈

ལས་ནི་བདག་གིར་བྱ་ཕྱིར་སྡིག་པ་སྤངས། །

레니닥길자칠딕빠빵

དགེ་བའི་བྱ་བས་རྟག་ཏུ་འདའ་བར་བྱ། །

게외자외딱뚜다왈자

ཞེས་བསམ་ཉིན་རེ་རང་རྒྱུད་ཉིད་ལ་བརྟག །

셰쌈닌레랑규니라딱

셋째, 죽을 때는 자유가 없고
　　업만이 자주적으로 활동하기 때문에 악을 끊어버리고
　　선행으로 항상 뛰어 넘어야 한다.
　　이를 생각하고 날마다 자기 마음을 성찰한다.

4. 윤회의 고통

བཞི་པ་འཁོར་བའི་གནས་གྲོགས་བདེ་འབྱོར་སོགས། །

시빠콜외네독데졸쏙

སྡུག་བསྔལ་གསུམ་གྱིས་རྟག་ཏུ་མནར་བའི་ཕྱིར། །

둥옐숨기딱뚜날왜칠

གསོད་སར་ཁྲིད་པའི་གཤེད་མའི་དགའ་སྟོན་ལྟར། །

쐐쌀티빼셰메가뙨딸

ཞེན་འཁྲིས་བཅད་ནས་བརྩོན་པས་བྱང་ཆུབ་སྒྲུབས། །

셴티쩨네쬔빼장춥둡

넷째, 윤회의 장소·친구·안락·재물 등은
삼고에 항상 압박받기 때문에
마치 형장으로 이끄는 염라 사자의 향연과 같으니
애착을 끊고 정진하여 보리를 이루어야 함을 명상한다.

■ 옮긴이의 말

나무 관세음보살
나무 관세음보살
나무 관세음보살 마하살

자비롭고 지혜로우신 까르마빠 존자님께 귀의합니다!

존자님의 대자비와 가피로 사가행 수행 입문서를 출판하게 되어 영광으로 생각하고 감사드립니다.

현재 티벳 불교의 종파는 크게 까규파·닝마파·샤카파·겔룩파 등 넷으로 나뉩니다. 이 책은 까규파, 특히 까르마 까규파의 마하무드라 예비수행 법본에 대한 해설서입니다. 티벳 불교에서는 본수행에 들어가기 전에 반드시 예비수행을 해야 합니다. 그 예비수행에 해당하는 것이 바로 이 책에서 설명하고 있는 사가행입니다.

가행은 예비수행과 같은 말입니다. 즉, 네 가지 예비수행이 바로 4가행입니다. 4가행은 네 가지 공통적인 예비수행인 4공가행과 네 가지 공통적이지 않은 예비수행인 4불공가행으로 나뉘는데, 일반적으로 사가행이라 할 때는 사불공가행을 가리킵니다. 이 사불공가행을 수행하기 위해서는 먼저 사가행에 대한 명상 수행을 해야 합니다.

이 법본은 17대 법왕 까르마빠 오갠 틴래 도제께서 일상생활에 바쁘고 티벳어에 익숙하지 않은 외국인 제자들을 위하여 마하무드라 예비수행 긴 의궤의 핵심을 짧은 의궤로 편술하신 것입니다. 존자님께서는 법본과 더불어 티벳 불교에 발을 내딛은 제자들에게 하나하나 그 순서와 방법을 구체적으로 설명해주셨습니다. 부록에는 밍규르 린포체의 복습 강의 내용을 실었습니다. 린포체께서는 지(사마타)와 관(위빠사나) 명상 수행의 기본 틀을 잡아주십니다.

제가 마하무드라 수행을 위해 사가행에 관심을 가진 것은 아닙니다. 한국에서 처음 절에 가서 한 것이 절이었듯이 보드가야에서 오체투지하는 사람들에 대한 호기심에서 비롯된 것이었습니다. 이후 사가행을 알게 되었고 까르마빠 존자님으로부터 사공가행과 사불공가행에 대한 구전과 가르침을 들었고, 금강살타 관정을 받았습니다. 몇 개월이 지나 보드가야 대탑에서 오체투지를 하게 되었는데, 구전을 받으면서 함께 받은 법본을 읽으면서 하였습니다. 그러나 티벳 불교에 대한 기초가 전무한 상태에서 과연 이렇게 하는 것이 맞나 하는 의구심이 마음 한켠에 있었습니다. 우연히 까규 묀람에서 이 책을 발견하고 '나와 같은 초보자에겐 정말 든든한 길잡이구나'라는 기쁨이 일었고 다른 한국인 법우들과 공유하고 싶어 번역의 마음을 내었습니다.

존자님께 번역의 허락을 받고도 그 두려움에 번복을 한 끝에 그로부터 2,3년이 흐르고, 두어 번의 오체투지를 마친 뒤에야 초고를 완성하게 되었습니다. 티벳어, 불법 지식, 수행 등 그 모두 처음 시작한 분야입니다. 부족한 부분에 대하여 죄송할 따름입니다. 그러나 티벳 불교 수행에 입문하는 분들께 그나마 도움이 되기를 바라는 마음으로 용기를 내었고 많은 분들의 도움과 격려가 큰 힘이 되었습니다.

출판을 결정해주신 지영사의 이연창 사장님과 다람살라에서 법본의 교정과 자문을 해주신 명진 스님과 양지애 님, 하다르 스님, 우현 스님께 감사드립니다.

올 2월 까규묀람에서 까르마빠 존자님을 근본 스승으로 출가한 한 해에 귀중한 수행서가 출판되어 뜻깊게 생각합니다. 20여 년간 중국에서부터 인연이 되어 불자로 이끌어 주고 가르쳐 주신 지엄 스님, 여행길 규또 사원에서 우연히 만나 까르마빠 존자님을 뵙게 해주신 정공 스님, 삼덕화를 비롯한 해인사 수련회 동문들, 대전의 진여회 식구들 모두 제가 불법의 길에 만난 훌륭한 선지식들입니다. 인생의 매 갈림길에서 잘 보살펴주신 모든 분들께 감사드립니다.

끝으로, 지금까지 평생 학교 안에서만 살아갈 수 있게 해주시고, 이젠 출가자로서 공부와 수행에만 전념할 수 있게 해주시는 어머니 최영화 보살님과 가족들에게 이 모든 공덕을 회향합니다.

2016. 11

까르마 출팀 뻴모 합장